eLernen/eLearning/Apprentissage en ligne in der sprachenbezogenen Lehre

sprache *im* kontext

Herausgegeben von Ruth Wodak und Martin Stegu

Band 29

PETER LANG

Frankfurt am Main · Berlin · Bern · Bruxelles · New York · Oxford · Wien

Klaus-Börge Boeckmann
Angelika Rieder-Bünemann
Eva Vetter
(Hrsg.)

eLernen/eLearning/ Apprentissage en ligne in der sprachenbezogenen Lehre

Prinzipien, Praxiserfahrungen und Unterrichtskonzepte

PETER LANG
Internationaler Verlag der Wissenschaften

Bibliografische Information der Deutschen Nationalbibliothek
Die Deutsche Nationalbibliothek verzeichnet diese Publikation in der Deutschen Nationalbibliografie; detaillierte bibliografische Daten sind im Internet über <http://www.d-nb.de> abrufbar.

Umschlaggestaltung:
Andréas Gloger.

Gedruckt mit Unterstützung des Bundesministeriums für Wissenschaft und Forschung in Wien.

ISSN 0948-1354
ISBN 978-3-631-56831-6

www.peterlang.de

INHALTSVERZEICHNIS

Klaus-Börge Boeckmann
Angelika Rieder-Bünemann
Eva Vetter

Zur Einführung

eLearning und Blended Learning stellen im Rahmen der Propagierung neuer Lehr- und Lernformen an österreichischen Institutionen vor allem im sprachenbezogenen Unterricht (d.h. Fremd- und Zweitsprachenunterricht, SprachlehrerInnen-Ausbildung) hochaktuelle Lehr- und Lernszenarien dar. Viele KollegInnen haben die Herausforderung angenommen, technisch innovative Medien in ihre Lehrpraxis zu integrieren und entsprechende Lehr- und Lernformen zu entwickeln. Der vorliegende Band geht zurück auf den von den HerausgeberInnen koordinierten verb*al*-Workshop „eLearning in der fremdsprachenbezogenen Lehre", der am 29. Oktober 2005 im Rahmen der österreichischen Linguistiktagung an der Universität Graz stattfand.[1] Anlass, einen solchen Workshop anzubieten, war der Eindruck, dass es den vielfältigen Aktivitäten im eLearning-Bereich an Vernetzung mangelt. Ziel des Workshops war es auch, InteressentInnen zusammenzubringen, die in Österreich zur Zeit auf diesem Gebiet forschend und lehrend tätig sind. Ihnen sollte Gelegenheit geboten werden, bestehende Aktivitäten im Bereich eLearning und Blended Learning in der sprachenbezogenen Lehre exemplarisch aufzuzeigen und kritisch zu diskutieren. Der Impuls, den die Vernetzung durch den Workshop erhalten hat, wird im vorliegenden Buch weitergeführt.

Während die verschiedenen Beiträge des Workshops komplementäre Perspektiven des Einsatzes von eLearning in unterschiedlichen Szenarien des sprachenbezogenen Unterrichts anschaulich beleuchteten, zeigten sich in den anschließenden Diskussionen erstaunliche Parallelen hinsichtlich des wahrgenommenen Mehrwerts von eLearning und der damit verbundenen Problematik in den verschiedenen Szenarien. Die Schlussfolgerungen des überaus interessanten Meinungs- und Erfahrungsaustausches waren folgende:

---

[1] Obwohl unser Ausgangspunkt der Fremdsprachenunterricht war, möchten wir angesichts der zunehmend schwierigen Differenzierung zwischen Erst-, Zweit- und Fremdsprachen (sowie anderen Bindestrich-Ausdrücken in diesem Bereich) inzwischen weiter gefasst von „sprachenbezogener Lehre" sprechen.

1. Es wird keine neue Didaktik für eLearning benötigt, sondern eLearning kann in bestehende Didaktiken integriert werden.
2. Eine eLearning integrierende Didaktik beachtet sinnvoller Weise bestimmte Prinzipien.
3. Ausgangspunkt sollte immer ein a priori zu formulierendes didaktisches Konzept sein. An die Lehrziele/-inhalte und die gewünschten Lern- und Interaktionsformen knüpft sich die Frage, was davon über eLearning erreicht werden kann.
4. Die Bedeutung eines didaktischen Konzeptes liegt über jener technischer „Spielereien“.
5. Der Mehrwert lässt sich in mehreren Bereichen feststellen: Interaktion (Integration stiller TeilnehmerInnen, andere Ebenen der Interaktion und Diskurse), sowie im inhaltlichen Bereich (Vertiefung der Inhalte) und im pädagogischen Bereich (Erziehung zur Disziplin, Einhalten von Abgabeterminen).
6. Engagement und Schulung (didaktisch und technisch) der Lehrenden ist Voraussetzung.

Der vorliegende Band soll nun den Beginn einer umfassenderen Auseinandersetzung mit der Thematik in der österreichischen Angewandten Linguistik darstellen. Einige der Beiträge basieren auf Präsentationen bei diesem Workshop (Mandl, Rieder-Bünemann, Barrière & Berchotteau). Durch die Integration von zusätzlichen Beiträgen, die das beim Workshop präsentierte Spektrum beträchtlich erweitern, werden neue Dimensionen eröffnet, die endgültig klarstellen, dass es sich hier nicht lediglich darum dreht, (wieder einmal) ein neues Medium einzuführen, sondern dass mit der Nutzung der neuen Werkzeuge eine differenziert zu betrachtende grundlegende methodisch-didaktische Neuorientierung einher gehen muss.

Der Darstellung der einzelnen Beiträge vorausgeschickt sei eine Bemerkung zur Begrifflichkeit: im Bereich der Verwendung von Neuen Medien im Unterricht herrscht eine verwirrende Begriffsvielfalt vor: Begriffe wie „computer- bzw. medienunterstützter Unterricht“, „computer assisted language learning“, „web-based training/teaching (WBT)“, „eLearning/Teaching“, „blended learning“, „Unterricht mit IKT“ und viele andere mehr wetteifern da um die Vorherrschaft. Wir haben die verwendeten Begriffe in den einzelnen Beiträgen nicht vereinheitlicht. Manche AutorInnen nehmen auch selbst Bezug auf die Terminologiedebatte (Vetter, Boeckmann, Rieder-Bünemann). Welche Bezeichnungen auch immer gewählt werden, ein Punkt soll hier noch hervorgehoben werden: der sehr populär gewordene Begriff „eLernen/eLearning“ (der in allen Beiträgen vorkommt) bezieht sich eigentlich nur auf die „elektronischen“ Bestandteile des Unterrichts (in manchen der Beiträge als „E-Komponente“ oder „Online-Phase“

bezeichnet), in der Praxis kommt in den allermeisten Fällen – so auch bei allen in diesem Buch versammelten Beiträgen – eine Komponente (mehr oder weniger) „konventionellen“ Unterrichts hinzu. Beide Komponenten können nicht losgelöst voneinander betrachtet werden, eine Tatsache, der Begriffe wie „blended learning“ oder „Verbundlernen“ Rechnung tragen. Die Einbettung der „E-Komponente“ in ein übergeordnetes didaktisches Konzept zu konkretisieren, ist ein wesentliches Anliegen dieses Buchs.

Entsprechend der Ausrichtung der Beiträge haben wir das Buch in zwei Abschnitte aufgeteilt, wobei der erste Teil (Beiträge Boeckmann, Mandl, Ollivier) vorrangig Aspekte des Sprachunterrichts behandelt, während sich der zweite Teil (Beiträge Rieder-Bünemann, Barrière & Berchotteau, Vetter) primär mit der SprachlehrerInnen-Ausbildung befasst. Am Übergang der beiden Themenbereiche steht der Beitrag von Berger et al., der ein Projekt vorstellt, in dem die internetbasierte Sprachlehre mit der didaktischen Ausbildung von künftigen Sprachlehrenden kombiniert wird.

Der erste Abschnitt beginnt mit Klaus-Börge Boeckmanns Beitrag „eLernen und Fremdsprachendidaktik – reflektierte Praxis, etwas Theorie und ein Beispiel“, in dem er, ausgehend vom universitären Fremdsprachenunterricht und von der universitären Sprachlehrendenausbildung, untersucht, inwieweit die vorhandenen eLern- bzw. Verbundlernmodelle den aktuellen Stand der sprachlerntheoretischen Debatte widerspiegeln, und dies am Umsetzungsbeispiel „LanguageQuest“ konkretisiert.

Eva Mandls Artikel „Prinzipien zur Gestaltung von Online-Phasen im Fremdsprachenunterricht“ stellt auf der Erfahrungsgrundlage des e-kl@r-Kombi-Kurses des Österreich Instituts sowie von Fremdsprachenunterricht am Zentrum für Translationswissenschaft der Universität Wien mit der Lernplattform WebCT Vista grundlegende Prinzipien für die Gestaltung von Online-Phasen auf, die eine effiziente Verknüpfung mit dem Präsenzunterricht und einen erfolgreichen Einsatz von eLearning-Elementen in verschiedenen Teilnehmergruppen sicherstellen können.

Christian Ollivier fokussiert in seinem Beitrag „Der Einfluss von Anonymität in didaktischen Chats“ eine spezialisierte Fragestellung der eLearning-Forschung: die Auswirkung von anonymen Chats auf die mündliche Kommunikationsfähigkeit der Sprachlernenden. Die Ergebnisse früherer Forschung sowie die in seiner explorativen Untersuchung beschriebenen positiven Auswirkungen von Anonymität in didaktischen Chats sprechen seiner Meinung nach eindeutig für den Einsatz solcher Chats im Fremdsprachenunterricht.

Der zweite Teil des Buchs, in dem die beiden Themenbereiche des ersten und des dritten Teils in Kombination auftreten, wird durch den schon erwähnten Beitrag

„Blended Learning im Fremdsprachenerwerb und in der Fremdsprachendidaktik: ‚Spanisch als Fremdsprache' und die Internet-Lernplattform ‚la ruta de la lengua española' (RLE)" von Verena Berger, Mar Cruz Piñol, Javier García Garrido und Rosalie Sitman konstituiert. In diesem Beitrag wird ein Blended-Learning-Projekt vorgestellt, das 2001 von Lehrenden an vier Universitäten in Spanien, Israel, Österreich und Japan initiiert wurde. Der Output des Blended-Learning-Projekts der RLE zeigt, dass der Einsatz von Informations- und Kommunikationstechnologien als (freiwillige) Ergänzung zum Präsenzunterricht in der Fremdsprachendidaktik und im Fremdsprachenerwerb den Lernprozess und die Motivation der Lernenden stimuliert.

Im dritten Teil des Buchs berichtet zunächst Angelika Rieder-Bünemann von ihren Erfahrungen mit dem Einsatz von WebCT Vista in der Fachdidaktik-Komponente der EnglischlehrerInnen-Ausbildung. Im Fokus steht die Frage „eLearning im Fachdidaktik-Unterricht: Mehrwert oder Mehrarbeit?". Drei Ebenen werden diskutiert: das Medium (Möglichkeiten und Grenzen der eLearning-Komponente an sich); die Lehrendenperspektive (Mehraufwand bei Vor- und Nachbereitung, Umgang mit administrativen / technischen Problemen, Veränderung der Lehrendenrolle) und die Studierendenperspektive (Einstellungen und Reaktionen der Studierenden im eLearning-Kurs im Vergleich zu einem traditionellen Kurs).

Isabelle Barrière und Caroline Berchotteau präsentieren im Beitrag „Formation à distance des assistants de langue française en Autriche" das von ihnen entwickelte Modul „Tandeo". Sie reagieren damit auf die aktuellen Desiderate in der Ausbildung französischer SprachassistentInnen für den österreichischen Schulunterricht. „Tandeo" nützt die Vorteile des Internets und bietet mehr AssistentInnen die Möglichkeit zu häufigerem und regelmäßigerem Austausch. Gleichzeitig erwerben die SprachassistentInnen Kenntnisse im Einsatz des Computers in der Sprachenlehre, die sie mittels „Tandeo" auch autonom vertiefen können. Die E-Komponente ist hier sowohl Medium (für die Ausbildung und Vernetzung der SprachassistentInnen) als auch Ziel (Medienkompetenz).

Im letzten Beitrag des Buches begründet Eva Vetter, weshalb eine zeitgemäße Ausbildung von SprachenlehrerInnen ohne die E-Komponente nicht mehr auskommen kann: Sowohl der europäische Bildungsbereich als auch der universitäre Kontext signalisieren dringenden Reformbedarf im Sinne einer Qualitätssicherung des Sprachenunterrichts. Am Beispiel der eigenen Einführungsvorlesung für LehramtskandidatInnen im Fach Französisch zeigt Vetter, wie die Möglichkeiten einer Lernplattform (WebCT) für die Bewältigung aktueller Anforderungen an SprachlehrerInnen genützt werden können. Sie ruft gleichzeitig zu Vorsicht hinsichtlich der Übertragung der Perspektive der Lehrenden auf jene der LernerInnen und warnt in diesem Zusammenhang vor einer Überbewertung der E-Komponente.

Die Beiträge erlauben eine vorläufige Standortbestimmung der eLearning-Aktivitäten in der sprachenbezogenen Lehre Österreichs. Sie legen den Schluss nahe, dass eLearning immer noch mit einer Vielfalt an Herausforderungen verbunden ist: Aus pädagogisch-didaktischer Sicht stellt sich die Frage nach der Einbindung in einen allgemeinen didaktischen Ansatz. Aus Lehr- und Lernperspektive steht die Mehrarbeit einem von allen Beteiligten wahrgenommenen Nutzen gegenüber, der auf die sich ändernden Anforderungen reagiert.

Klaus-Börge Boeckmann

eLernen und Fremdsprachendidaktik – reflektierte Praxis, etwas Theorie und ein Beispiel

1 Einleitung

Im folgenden Beitrag möchte ich nach einigen Jahren Erfahrung mit dem Einsatz von elektronischen (v.a. internetgestützen) Lehr- und Lernmaterialien im universitären Fremdsprachenunterricht und in der universitären Ausbildung von Fremdsprachenlehrenden eine Zwischenbilanz ziehen. Neben meinen praktischen Erfahrungen als Lehrender, der in diesem Beitrag als reflektierender Praktiker zu Wort kommt, habe ich mich als Fremdsprachendidaktiker auch mit der theoretischen Diskussion zum eLernen befasst (Boeckmann 2001; 2006; 2007). Das eLernen und die diesbezügliche Literatur haben sich ja in den letzten Jahren explosionsartig entwickelt und es ist schwer, dabei noch den Überblick zu behalten. In diesem Beitrag werde ich einige mir zentral erscheinende Standpunkte der Lerntheorie und der Spracherwerbsforschung diskutieren, die mediendidaktische Theorie zum eLernen steht hingegen nicht so sehr im Zentrum dieses Artikels.

Die Fragestellung für den vorliegenden Beitrag kann demnach wie folgt umrissen werden: Wie lassen sich meine eigenen Erfahrungen als Fremdsprachenlehrender und Lehrerausbilder mit den fremdsprachendidaktischen Positionen der Forschungsliteratur vereinbaren und welche Konsequenzen ergeben sich daraus für den Einsatz von eLernen im Fremdsprachenunterricht?

2 Vorannahmen (Hypothesen)

Hans Freibichler und Boris Menrath stellten 1995 kritisch fest: „Uns ist kein einziges computergestütztes Lernprogramm bekannt, das den Anforderungen der neueren Didaktik und Methodik des Fremdsprachenunterrichts auch nur annähernd gerecht würde“ (Freibichler & Menrath 1995: 577). Dementsprechend hatte ich in Boeckmann 2001 eine kritische Auseinandersetzung der Sprachunterrichtsexpertinnen mit den elektronischen Medien gefordert, um dadurch

Medien in pädagogisch sinnvoller Form einzusetzen und bereits erreichte methodisch-didaktische Standards zu gewährleisten (Boeckmann 2001: 1110). Auf Grund meiner aktuellen Erfahrungen und Informationen muss ich konstatieren, dass in der Praxis auch heute noch, mehr als ein Jahrzehnt nach Freibichler und Menrath, der Grad der Umsetzung zeitgemäßer spracherwerbs- und lerntheoretischer bzw. methodisch-didaktischer Grundsätze in eLern-Materialien zu wünschen übrig lässt. Diese Beobachtung macht auch Hans Pfeiffer: Seine Untersuchung ergibt, „dass computerunterstützter Fremdsprachenunterricht im Allgemeinen seiner Zeit keineswegs voraus ist, sondern eher sprachdidaktische Theorien und Ansätze, die der Vergangenheit angehören, in technisch perfektionierter Form wieder aufnimmt" (Pfeiffer 2005: 139). Zugespitzt könnten wir also sagen: eLernen im Fremdsprachenunterricht bietet vielfach zwar technologisch innovative Lernmaterialien, ihre methodisch-didaktische Konzeption hinkt aber der aktuellen Fachentwicklung oft hinterher.

Andererseits hat die intensive fremdsprachen- und medienpädagogische Reflexion der letzten Jahre u.a. im Bereich der Projekt- und Aufgabenorientierung neue Perspektiven ergeben, die auf das eLernen übertragbar sind. Aus dem bisher Gesagten lassen sich folgende Vorannahmen – ich bezeichne sie nicht im strengen Sinne als Hypothesen – zur Fragestellung des vorliegenden Beitrags formulieren:

- Der hohe Anspruch (etwa konstruktivistischer) Lerntheorien wird in vielen eLern-Materialien auf dem Markt nicht eingelöst.
- Diese Angebote sowie andere Materialien und didaktische Szenarien lassen sich aber für einen lerntheoretisch anspruchsvolleren Einsatz adaptieren.
- Ein projektorientierter Ansatz bietet besondere Möglichkeiten für die Integration von Präsenz- und Distanzlehre (im eLern-Kontext auch: Offline- vs. Online-Lehre) – im Folgenden als *Verbundlernen* bezeichnet – sowie den Einsatz verschiedenster eLern-Ressourcen und Materialien, die nicht unbedingt für den Sprachunterricht entwickelt wurden.

3 Terminologische Vorbemerkung

In diesem Beitrag geht es um elektronische Materialien, die für das fremdsprachenbezogene Lernen (das Fremdsprachenlernen selbst bzw. die fremdsprachendidaktische Ausbildung für angehende Fremdsprachenlehrende) Verwendung finden. Für Lernprozesse bzw. Lernphasen, die unter Verwendung solcher elektronischen Materialien stattfinden, möchte ich den Begriff eLernen verwenden. Zur Präzisierung möchte ich anmerken, dass ich unter „elektronischen Materialien" nicht die elektronischen Geräte selbst (von Computern und verschiedensten Peripheriegeräten bis hin zu ganzen Netzwerken wie dem Internet) verstehe, sondern in erster Linie die Programme bzw. Benutzeroberflächen (z.B. so genannte Lernplattformen) und die Inhalte, die die Lernenden auf bzw. in diesen Programmen und/oder Benutzeroberflächen bearbeiten. Ein zweiter wichtiger Aspekt für mein Verständnis des eLernens ist die Interaktivität des Lernprozesses: Die bloße Bereitstellung von Materialien zum Herunterladen auf einem Server etwa stellt demnach noch kein eLernen dar. Das interaktive Element kann in ein Programm eingebaut und mithin automatisiert sein oder es findet in Form elektronisch vermittelter interpersonaler (zwischenmenschlicher) Kommunikation statt. Ein dritter Aspekt ist die Tatsache, dass der Lernprozess ohne Präsenz von Lehrenden bzw. Ko-Lernenden stattfindet; beim eLernen handelt es sich also um eine Form von Distanz- oder Fernlernen, bei dem die Lernenden ihre Lernaktivitäten verhältnismäßig unabhängig ohne direkte Anleitung einer Lehrkraft (wie sie im Präsenzunterricht gegeben ist) organisieren können, aber auch müssen.

eLernen findet verhältnismäßig selten in reiner Form statt. In den meisten Fällen ist die eLern-Komponente mit irgendeiner Form von Präsenzlernen gekoppelt. Der in diesem Zusammenhang ziemlich inflationär gebrauchte Terminus *„blended learning“* bedeutet im Grunde nicht mehr als dass nicht *nur* elektronisch gelernt wird. In der traditionellen Ausdrucksweise der Fernlehre ausgedrückt, geht es um eine wie auch immer geartete Kombination aus einer Distanz- und einer Präsenz- bzw. Sozialphase. Und ohne wenigstens ein bisschen Elektronik geht es heute einfach nicht mehr:

> Bestehende Kurse wurden, dem Zug der Zeit folgend, mit Online-Lernangeboten „aufgepeppt“. So kann ja heute z.B. kein gedrucktes Fremdsprachenlehrwerk auf eine eigene Homepage mit mehr oder weniger sinnvollen Online-Lernangeboten verzichten. Und so müssen heute eben Universitäten neben „traditioneller“ Lehre beweisen, dass sie es auch elektronisch können. Der Begriff „blended learning“ spiegelt dann oft vor, dass es hier eine gewollte Konzeption gäbe, wo in Wirklichkeit keine vorliegt; und er dient außerdem zur Beruhigung derjenigen, die befürchten, die Studierenden der Zukunft würden nur noch einsam vor ihren Computerbildschirmen sitzen, statt engagiert im Seminar zu diskutieren (Boeckmann 2006: 12).

Außerdem gibt der Begriff nur einen groben Hinweis auf die „äußere“ Lernorganisation und beantwortet die eigentlich interessante Frage nach der „inneren“ Lernorganisation (z.B. die verwendeten Lern- und Sozialformen) überhaupt nicht (von der Handt 2004). *„Blended learning“* als Blendung sozusagen, bei der ein ziemlich inhaltsleerer, aber doch irgendwie gut klingender Begriff dazu verwendet wird, auch recht unausgegorenen Konzepten etwas Glanz zu verleihen.

Daher werde ich im Folgenden von „(elektronischem) Verbundlernen“ sprechen und das Gewicht damit auf die Integration verschiedener Lernformen statt einer bloßen Mischung (*blend*) legen. Elektronisches Verbundlernen besteht also aus einer eLern-Komponente und einer Präsenzlernkomponente, die nicht einfach nebeneinander stehen, sondern integriert sind, indem z.B. die Ergebnisse und Produkte einer Phase bzw. Lernkomponente in der anderen Phase bzw. Lernkomponente weiterbearbeitet oder präsentiert werden. Von der Qualität dieser Integration bzw. gegenseitigen Einbindung hängt vielfach die Akzeptanz einer eLern-Komponente durch die Lernenden ab, wie noch zu zeigen sein wird.

4 Reflektierte Praxis: Erfahrungen aus der Arbeit mit verschiedenen Zielgruppen

Meine Erfahrungen betreffen sowohl Studierende, die die deutsche Sprache an ausländischen Universitäten freiwillig oder verpflichtend als allgemein bildenden Studieninhalt lernen (also keine GermanistInnen), als auch Studierende, die Deutsch als Fremdsprache studieren, um es später unterrichten zu können (vgl. Boeckmann 2006). Das unten dargestellte Beispiel *LanguageQuest* stammt jedoch aus einem anderen Bereich: es ist ein eLern-Angebot zum sachorientierten Fremdsprachenlernen in der Sekundarschule – dabei ist eine phasenweise Sprach- bzw. Formorientierung nicht ausgeschlossen, aber der Fokus liegt auf der Inhaltsorientierung und realistischen Kommunikation. Eine Übertragbarkeit auf andere lerngewohnte und technisch gut ausgestattete Lernergruppen, etwa in der Erwachsenenbildung, scheint durchaus möglich.

4.1 Universitärer Fremdsprachenunterricht

Zunächst zum universitären Fremdsprachenunterricht: Seit meinen ersten Erfahrungen mit dem eLernen im Rahmen des Fremdsprachenunterrichts an ausländischen (japanischen) Universitäten, die nun schon mehrere Jahre zurückliegen, hat sich das Angebot an eLern-Sprachübungen nur teilweise geändert: Die Übungsformen (Einsetzübungen, Mehrfachauswahl, Umformungen u.ä.) erinnern auch heute noch oft an die Zeit des Grammatik-Übersetzungs- oder des audiolingualen Fremdsprachenunterrichts und scheinen eher auf behavioristischen (*habit formation*) als konstruktivistischen Lerntheorien zu beruhen. Sie sind nicht selten technisch einfache Umsetzungen von Übungen, wie sie in Lehrwerken vorkommen oder von Lehrenden gerne als Arbeitsblatt präsentiert werden (ein Beispiel von vielen: Haunschmid 2000). Diese Art von Übungen schöpft das Potential elektronischer Kommunikationsformen bei weitem nicht aus. Meiner Erfahrung nach sind die Lernenden trotzdem oft motivierter, solche Übungen elektronisch zu absolvieren als in traditioneller Form. Der Grund dafür liegt meines Erachtens in der ‚Interaktivität' des Mediums: auch das beste Arbeitsblatt „antwortet" der/m Lernenden nicht und gibt ihr/m sofortige Rückmeldung zu ihrer/seiner Lösung der Aufgabe. Auch Lösungsschlüssel können nicht ganz dasselbe bieten, da sie keine Möglichkeit eines zweiten Versuchs geben, weil sie eben nicht nur die Information richtig/ falsch, sondern zugleich auch die richtige Lösung enthalten. Dieser Interaktivitätsvorteil von eLern-Werkzeugen kann wesentlich gesteigert werden, wenn das *feedback*, das sie den Lernenden bieten, ausgefeilter als die zumeist übliche Basisinformation „richtig/ falsch" ist. Wenn die Programmierung etwa Teillösungen vorsieht oder Lösungshilfen bei nicht richtig gelösten Aufgaben anbietet, können die Lernenden mit einem eLern-Werkzeug tatsächlich etwas *lernen* und nicht nur anderweitig erworbenes Wissen überprüfen. Allerdings beschränken sich viele eLern-Angebote im Grunde auf diese bloße Wissensüberprüfung. Ein weiteres Problem, das ich sehe, ist, dass es bei intensiver Nutzung von eLern-Werkzeugen zu einer Gewöhnung und Abstumpfung kommen könnte, da mit der Zeit die Beschränktheit der Schein-Interaktivität des Mediums offensichtlich wird, insbesondere wenn mit ganz einfachem *feedback* gearbeitet wird. Darüber hinaus stellt sich auch die Frage nach dem tatsächlichen Nutzen solcher Drill- und Übungsangebote für das Fremdsprachenlernen.

Diese eher behavioristisch orientierten Übungen sind allerdings nicht das einzige Angebot im Bereich des fremdsprachlichen eLernens. Schon recht früh – sobald die technischen Möglichkeiten es erlaubten – haben Fremdsprachenunterrichtende im Bemühen, das Potential elektronischer Kommunikation (insbesondere des Internet) zu nützen, andere Aufgabenformen entwickelt, die im Wesentlichen auf der Suche und Verarbeitung von Informationen aus authentischen (nicht didaktisierten) Internetquellen beruhen. Hier sind zumindest ansatzweise kommunikative Fremdsprachenlehre und konstruktivistische Lernkonzepte berücksichtigt, und diese Aufgaben sind inzwischen bis zu Formen weiterentwickelt worden, die einem elektronischen Projektunterricht ähneln (vgl. das unten erläuterte Beispiel *LanguageQuest*). Bei diesen Aufgabenformen ist das *feedback* im Unterschied zu den oben erwähnten Sprachübungen nicht automatisiert, sondern kommt von realen Personen, oft von der Lehrkraft, teils aber auch von Mitlernenden oder anderen Kommunikationspartnerinnen.

4.2 Ausbildung von Fremdsprachenlehrkräften

In meinem zweiten Erfahrungsbereich, dem Einsatz von eLern-Werkzeugen in der universitären Ausbildung von (Deutsch-als-) Fremdsprachenlehrenden, war die Motivationslage der Studierenden eher von Skepsis geprägt. Die eLern-Plattformen waren weniger als Ort des Lernens denn als Aufbewahrung für *offline* zu bearbeitendes Lernmaterial und weiterführende Informationen organisiert.

Außerdem sollten sie der Intensivierung der Kommunikation unter den Teilnehmenden dienen. Die Lernenden schätzten am ehesten noch die Servicefunktion der Lernplattformen als kontinuierlich zugängliche Materialquelle und das individuelle *feedback* durch den Unterrichtenden. Ansonsten wurde die Auseinandersetzung mit der Lernplattform oft als Zusatzbelastung empfunden und die kommunikativen Funktionen (Diskussionsforen, *chat*, E-Mail) wurden nur genutzt, wenn die Lernenden zur Nutzung verpflichtet wurden. Ein entscheidender Kritikpunkt der Studierenden, an dem ich als Unterrichtender noch intensiver arbeiten muss: eLernen sollte besser in das Kurskonzept integriert sein und nicht als bloßes Anhängsel fungieren (vgl. Boeckmann 2006: 18 f.). Das heißt, in diesem Kontext muss darauf geachtet werden, dass nicht aus dem Präsenzunterricht einfach in das elektronische Medium transferiert wird, sondern eigene Arbeitsformen entwickelt werden, die nur in diesem Medium umsetzbar sind und die Lernerfahrung der Studierenden bereichern. Meine Versuche, diesen Anforderungen bei der Gestaltung meines Verbundlernkonzepts gerecht zu werden, gehen in zwei Richtungen: Einmal sollte die Einbindung der Studierenden in die Gestaltung der eLern-Umgebung verbessert werden, etwa dadurch, dass Studierende in Form von „virtuellen Referaten" selbst recherchierte Inhalte für ihre Mitlernenden aufbereiten. Zum zweiten gilt es, die „Verzahnung" der eLern-Komponente mit der Präsenzlernkomponente zu verbessern, indem beispielsweise im elektronischen Medium entstandene Produkte in der Präsenzphase vorgestellt werden – oder aber umgekehrt die Präsenzphase dazu genützt wird, ein eLern-Projekt vorzubereiten und zu planen. Ein Beispiel für ein solches Projekt könnte sein, dass Studierende in Arbeitsgruppen eLern-Sprachübungen für Sprachlernende konzipieren und dann in der Lerngruppe präsentieren und/oder im Internet veröffentlichen[2]. Insgesamt stehen bei diesen Entwicklungen eigentlich die kommunikativen Aspekte der Lernplattform im Vordergrund und nicht die technischen Möglichkeiten, Inhalte („*content*") in multimedial aufbereiteter Form, eventuell angereichert mit interaktiven Elementen, bereitzustellen.

Bevor ich abschließend ein Beispiel für eine ebenfalls projektorientierte Form des Verbundlernens für den Fremdsprachenunterricht präsentiere, möchte ich auf die lern- und spracherwerbstheoretischen Anforderungen an Verbundlernkonzepte im Fremdsprachenbereich eingehen. Das Beispiel soll schließlich daraufhin untersucht werden, wie weit es diese Anforderungen erfüllt.

---

[2] Ein Projekt, das mit einer solchen Konzeption arbeitet (Veröffentlichung der von Studierenden entwickelten Sprachlernmodule im Internet), ist das 2006 mit dem Europasiegel für innovative Sprachenprojekte ausgezeichnete italianoAscuola.at (vgl. Österreichisches Sprachen-Kompetenz-Zentrum 2006).

5 Theoretischer Hintergrund: Lern- und spracherwerbstheoretische Anforderungen an das Verbundlernen im Fremdsprachenunterricht

Für die Gestaltung von Verbundlernkonzeptionen beim Fremdsprachenlernen gilt es, einerseits allgemein lerntheoretische und andererseits spracherwerbstheoretische Grundlagen zu beachten, wie sie von der neueren Forschung erarbeitet wurden. Nur so kann verhindert werden, dass – ohne Berücksichtigung der methodisch-didaktischen Eignung – allein die technischen Möglichkeiten den Charakter von Aufgaben und Übungen bestimmen. Im Bereich der Lerntheorien haben sich in den letzten Jahren konstruktivistische Ansätze durchgesetzt. Die Grundidee der konstruktivistischen Lerntheorien ist, dass der Mensch sich in Interaktion mit seiner Umwelt in kreativer Weise seine eigene Welt schafft (vgl. Mitschian 2000: 18; Pfeiffer 2005: 39 ff.). Der Gegenbegriff zum Konstruktivismus ist der Instruktionalismus, der auf den Behaviorismus zurückgeht (Skinner 1957; Pfeiffer 2005: 33 ff.), eine Lerntheorie, die heute schon fast zum „Tabuwort" geworden ist (vgl. Mitschian 2000: 2). Der Konstruktivismus hingegen wurzelt in der kognitiven Psychologie von Jean Piaget (Piaget 2003). Wichtiger Wegbereiter war Ernst von Glasersfeld (von Glasersfeld & Fischer 1997), der Begründer des „Radikalen Konstruktivismus", der sich allerdings als Erkenntnis- und nicht als Lerntheorie versteht (vgl. Mitschian 2000: 17; Pfeiffer 2005: 44). Eine weitere Spielart ist der „informationstheoretische (gemäßigte) Konstruktivismus", der von einer prinzipiell (wenn auch von Wahrnehmungsdefiziten beeinträchtigt) erkennbaren, also objektiv vorhandenen Realität ausgeht (Wendt 2000a: 17).

Die radikal konstruktivistische Lerntheorie versteht Lernen hingegen nicht als Verarbeitungsprozess objektiv vorhandener Information, sondern als individuelle Konstruktion aktiver Lernender im sozialen Kontext. Heinz von Foerster schrieb dazu: „Objektivität ist die Wahnvorstellung, Beobachtungen könnten ohne Beobachter gemacht werden" (von Glasersfeld 1996: 16). Das bedeutet, jede/r Lernende lernt eigentlich etwas anderes, abhängig von seiner/ihrer eigenen Erfahrung und seinem/ihrem Vorwissen: die Lernenden konstruieren das Wissen selbst und bekommen es nicht von den Lehrenden vermittelt (vgl. Pfeiffer 2005: 41). Da die Individualität der Lernenden, ihr individueller Zugang zum Lerninhalt den Lernprozess erst ermöglicht, ist dieser Individualität bei der Unterrichtsgestaltung genügend Raum zu geben. Folglich müssen Lernmaterialien, Aufgaben und Übungen so gestaltet werden, dass individuelle Lernwege, alternative Zugänge und offene Lösungsmöglichkeiten angeboten werden (Reich 2006). Beispielsweise könnte eine Textverstehensaufgabe statt mit vorformulierten Verständnisfragen mit individualistischeren und induktiveren Techniken arbeiten, etwa Überschriften zu finden oder den Text weiterzuschreiben.

Konstruktivistischer Fremdsprachenunterricht wurde im deutschsprachigen Raum u.a. von Dieter Wolff und Michael Wendt konzipiert und beschrieben (Wendt 2000b; Wolff 2002).

Einige wichtige Forderungen an eLern- (bzw. Verbundlern-)Konzeptionen, die sich aus dem Konstruktivismus ergeben, sind (ohne Anspruch auf Vollständigkeit):

- Aktivierung von Vorkenntnissen;
- individuelle Zugänge zu Lerninhalten;
- alternative Lernwege;
- Offenheit des Lernergebnisses;
- Anregung zur persönlichen Reflexion von Lerninhalten und Lernprozess.

Was die Verarbeitung und Speicherung von Sprache im Gehirn angeht, so hat in den letzten Jahren im Bereich der kognitiven Linguistik der Konnektionismus (vgl. Pfeiffer 2005: 38 f.) besondere Bedeutung erlangt. Ohne an dieser Stelle genauer auf diese Sprachverarbeitungstheorie eingehen zu können, sei festgehalten, dass eine der Folgerungen daraus die so genannte *multi-feature hypothesis* (Multi-Merkmal-Hypothese) ist: Damit ist die Annahme gemeint, dass die Verankerung von sprachlichen Inhalten im Gedächtnis intensiviert wird, wenn diese durch möglichst viele verschiedene mentale Verbindungen mit anderen Gedächtnisinhalten verknüpft sind (vgl. Westhoff 2006).

Im Bereich der Theorie des gesteuerten Spracherwerbs lässt sich nicht wirklich ein einheitliches Spracherwerbs- bzw. Sprachlernmodell erkennen. Allerdings haben sich im Laufe der Jahrzehnte empirischer Forschung in diesem Bereich eine Reihe von Faktoren herauskristallisiert, die den Spracherwerb vorantreiben: Dazu gehört zunächst sowohl der rezeptive als auch der produktive Umgang mit Sprache (*input* und *output*). Der *input* sollte so „natürlich" wie möglich sein, d.h. reich differenziert, grammatikalisch komplex und sprachlich authentisch, der *output* sollte sowohl formelhafte, automatisierte Sprachproduktion (so genannte *chunks*) umfassen als auch bewusst konstruierte, regelgeleitete Äußerungen. Für den Umgang mit dem *input* sind zwei Verarbeitungsformen zu berücksichtigen: einerseits der Fokus auf den Inhalt von Texten, also ihren Mitteilungsaspekt oder kommunikativen Gehalt und andererseits eine Orientierung auf die sprachliche Form der Texte. Ein wichtiger Lerninhalt sind gerade die Zusammenhänge zwischen sprachlicher Form und Inhalt. Darüber hinaus hat sich das Vorhandensein bzw. die Förderung von sowohl *input*- als auch *output*-bezogenen Lern- und Kommunikationsstrategien als wichtiger Faktor des Spracherwerbs erwiesen (vgl. Westhoff 2004).

Es lassen sich also bei Beachtung der lern- und spracherwerbstheoretischen Grundlagen eine Reihe von Anforderungen an eLern-Angebote formulieren.

Einige bedeutsame Gesichtspunkte sind: Das zu bearbeitende sprachliche *Material* soll u.a.

- lebensnah (s. dazu das unten angeführte Beispiel);
- aktuell;
- reich variiert;
- authentisch und
- informativ sein.

Die mit dem sprachlichen Material zu bewältigenden *Aufgaben* sollten

- realistisch;
- funktional;
- autonom(iefördernd);
- kooperativ;
- (fach)inhaltsorientiert;
- formbewusst (im Sinne eines *focus on form*) und
- variantenreich (verschiedene Zugänge im Sinne der Multi-Merkmal-Hypothese) sein.

Es erscheint offensichtlich, dass die Kombination dieser Anforderungen in einem projektorientierten Lernarrangement außerordentlich gut umzusetzen ist. Im Folgenden wird nun ein Beispiel für ein solches projektorientiertes Vorgehen gegeben und auf die hier angeführten Anforderungen hin untersucht.

6 Projektorientierung als Prinzip: *LanguageQuest*

Beim *LanguageQuest* handelt es sich um eine Weiterentwicklung des *WebQuests* (vgl. Dodge 2002; 2006) für den Fremdsprachenunterricht, die vor allem mit den Namen Ton Koenraad und Gerard Westhoff verknüpft ist (vgl. Driessen 2002; Koenraad 2002; Koenraad & Westhoff 2003) und auch unter den Bezeichnungen *LQuest* oder *TalenQuest* bekannt ist. Der *LanguageQuest* ist eine mögliche Form des projektorientierten Arbeitens mit eLern-Komponente im Fremdsprachenunterricht, die eine hohe Bewusstheit der Lernenden über ihren Lernprozess in den Mittelpunkt stellt und es auch ermöglicht, in der Weise projektorientiert zu arbeiten, dass der Fremdsprachenunterricht als Einzelfach transzendiert wird. Die genaue Form der Einbettung in den Unterricht hängt von der jeweiligen lokalen Konstellation ab, doch ist das hier dargestellte Beispiel kaum ohne eine gründliche Vorbereitung im Präsenzunterricht und eine Wiedereinbindung der

Lernerprodukte vorstellbar oder auch sinnvoll: Die Vorbereitung sollte sicherstellen, dass die Lernenden über die technischen Fertigkeiten, aber auch die nötigen Kompetenzen zur Selbstorganisation verfügen (vgl. Mandl in diesem Band). Die Wiedereinbindung könnte etwa in der Form erfolgen, dass einerseits das sprachliche Produkt (im Beispiel der Reklamationsbrief) in der Präsenzstunde weiterbearbeitet wird, z.B. indem Lernende die Produkte untereinander austauschen, korrigieren und evaluieren. Ein mögliches Verfahren wäre dabei die Wahl des besten Reklamationsbriefs, wobei die Qualitätskriterien explizit diskutiert werden müssten. Andererseits könnte die Nachbearbeitung in der Präsenzstunde weitere Textproduktionen beinhalten, so die Verfassung eines Antwortbriefs als kollektive Schreibaufgabe oder ein Rollenspiel, bei dem ein Telefonat zwischen BeschwerdeführerIn und Briefadressat simuliert wird. Entscheidend ist, dass der *LQuest* durch seine Projekt- und Produktorientierung die „Konstruktionsfähigkeit" (Wolff 2002) der Lernenden fördert und sich so besonders zur Integration in ein konstruktivistisches Verbundlernkonzept eignet. Hier wird der *LQuest* nur kurz dargestellt. Eine genauere Darstellung bietet Boeckmann (2007).

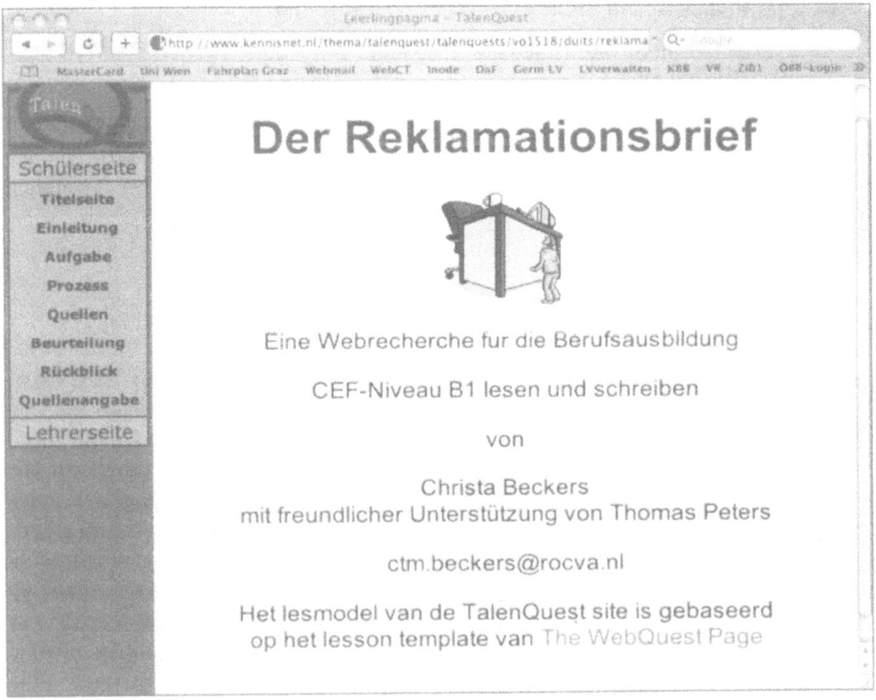

Abbildung 1: Ein *LanguageQuest*: Der Reklamationsbrief (Beckers o.J.)

Kurz gesagt handelt es sich bei *LanguageQuests* um Projektaufgaben, die zumindest teilweise auf Informationsrecherche im Internet beruhen und in deren Verlauf zumindest ein fremdsprachliches *Produkt* zu erstellen ist. Bei der Erstellung der Produkte (z.B. Briefe oder Präsentationen) wird oft ebenfalls der Computer benützt. Zumindest ein Teil der Aufgabe wird in kooperativer Form bewältigt. Die Aufgabe wird in Form einer eigenen Webseite präsentiert, die eine Reihe von vorgegebenen Kategorien enthält (in Abb. 1 im Menübalken links zu sehen). Kennzeichnend sind dabei eine genaue Prozessbeschreibung und eine genaue Definition der Kriterien, nach denen das fertige Produkt beurteilt wird, sowie weitere Seiten mit Lehrerhinweisen. Im in Abb. 1 abgebildeten Beispiel geht es um das Verfassen eines Reklamationsbriefs zu einer simulierten Problemsituation auf der Grundlage verschiedenster Internetquellen mit sprachlich-stilistischen und rechtlichen Hinweisen sowie Modell- und Paralleltexten.

Wie lässt sich ein solches eLern-Werkzeug nun in Bezug auf die oben erhobenen Forderungen beurteilen? Zunächst zur Qualität der bearbeiteten ***sprachlichen Materialien**:* Da als Quellen originale deutschsprachige Webseiten, die für MuttersprachlerInnen konzipiert sind, verwendet werden, sind bezüglich der *Lebensnähe* (im Sinne von Alltagstauglichkeit in einem deutschsprachigen Umfeld), *Authentizität* und *Informativität* sicherlich hohe Anforderungen erfüllt. Die *reiche Variation* des sprachlichen Materials ist vor allem dann gegeben, wenn Quellen ausgewählt werden, die für unterschiedliche Zielgruppen und Funktionen konzipiert wurden, was im vorliegenden Beispiel nur in eingeschränktem Ausmaß der Fall ist – auf Grund der engen stilistischen Vorgaben für das Produkt sicherlich zu rechtfertigen. Die *Aktualität* ist, soweit regelmäßig gepflegte Webseiten als Quellen angegeben werden, weitestgehend gegeben. Grundsätzlich ist aber bei der Angabe von festen Links als Quellen wie in dem oben dargestellten *LQuest* damit zu rechnen, dass Inhalte aus dem Internet verschwinden oder ihre Adressen sich ändern. So verwendet ein anderer *LQuest*, in dem es um Handys geht (Hensgens o.J.), die Seite der Firma Siemens, die sich inzwischen aus dem Mobiltelefongeschäft zurückgezogen hat. Eine Alternative zu fest angegebenen Adressen sind Suchaufträge, die mit Hilfe einer Suchmaschine zu bewältigen sind – ein Verfahren, das bei einigen *LQuests* angewendet wird und in Bezug auf die Aktualität flexibler ist.

Wie weit setzen nun die gestellten ***Aufgaben*** die oben gestellten Forderungen um? *Realismus* und *Funktionalität* lassen sich nur im Hinblick auf die jeweiligen konkreten Inhalte und nicht in Bezug auf das Instrument *LQuest* insgesamt feststellen, im Reklamationsbrief-Beispiel scheinen sie gegeben, da es unzweifelhaft zur Aufgabe eines berufsvorbereitenden Fremdsprachenunterrichts gehört, die Lernenden auf das Verfassen von geschäftlicher Korrespondenz unterschiedlichster Art vorzubereiten. Auch *Inhaltsorientierung* und *Formorientierung* spielen in diesem Beispiel eine Rolle, da einerseits ein klares kommunikatives Ziel vorgegeben wird und andererseits der Blick darauf gelenkt wird, dass zur optimalen Erreichung dieses Ziels auch eine Reihe von stilistisch-formalen Vorgaben zu beachten ist. Auch für andere *LQuests* wäre auf eine solche Ausgewogenheit in der Fokussierung auf Inhalt und Sprachform besonders zu achten, da sie sich aus den Formatierungsvorgaben nicht automatisch ergibt.

Nun zu den Anforderungen, die nicht in optimaler Weise umgesetzt scheinen: Das Kriterium der *Autonomieförderung* wird zwar bis zu einem gewissen Grad erfüllt, da die Lernenden teilweise selbständig arbeiten, aber die in vielen *LQuests* vorhandenen detaillierten Prozessbeschreibungen und umfangreichen Quellenhinweise schränken den autonomen Zugang der Lernenden doch wesentlich ein und sind nicht ganz im Sinne einer konstruktivistischen Lerntheorie. Vermutlich sind sie der Praktikabilität geschuldet, damit sich *LQuests* in einem einigermaßen überschaubaren Zeitrahmen durchführen lassen. Das Instrument *LQuest* ermöglicht allerdings durchaus autonomiefördernde Aufgaben: dazu müsste mehr Gewicht auf die Spezifizierung des Produkts und weniger auf die Beschreibung des Prozesses gelegt werden (Koenraad & Westhoff 2003: 8), so dass die Lernwege individueller und autonomer zu gestalten wären.

In einem scheinbaren Gegensatz zur Autonomieförderung steht die Forderung nach *Kooperativität*, die ebenfalls nicht in allen *LQuests* erfolgreich realisiert wird: Oftmals erschöpft sich die diesbezügliche Vorgabe darin, dass die Lernenden mit einem/r Partner/in zusammenarbeiten sollen. Der Aufgabenstellung inhärenter Kooperationsbedarf, etwa wenn verschiedene Rollen zu vergeben sind, die sich das Team aufteilen muss, schafft diesbezüglich eine günstigere Situation. Dem eLernen ideal angepasste Aufgabenstellungen integrieren auch die Organisation des kooperativen Elements in die Nützung des Mediums Computer, etwa durch die Nutzung von E-Mail-Kommunikation, Chat, Diskussionsgruppen oder Wikis.

Das letzte Kriterium, der *Variantenreichtum* – im Sinne einer möglichst viele sinnliche und konzeptuelle Zugänge ansprechenden Beschäftigung mit der Aufgabe – lässt sich wohl mit einer reinen eLern-Aufgabe nur begrenzt umsetzen. Die Haupttätigkeiten in den meisten *LQuests* sind eben doch das Lesen am Bildschirm und das Schreiben am Computer, in vielen Fällen kommt noch die mündliche Kommunikation zur Organisation der Lernerkooperation hinzu, gelegentlich auch noch eine nonverbale Komponente in Form der Beschäftigung mit Bildern.

Einige *LQuests* geben sich zwar Mühe, ihren Gegenstand aus verschiedenen Perspektiven zu beleuchten – so bietet das Reklamationsbrief-Beispiel zumindest auch gewisse Einblicke in die Denkweise der „Gegenseite", indem typische Reaktionen einer Firma auf Kundenbeschwerden miteinbezogen werden. Zur Erfüllung dieses Kriteriums ist aber doch ein Verbundlernszenario wie das oben kurz skizzierte wohl am besten geeignet, da es eben auch die Kombination des eLernens mit ganz anderen Zugängen, z.B. dramapädagogischen oder musischen Unterrichtsformen ermöglicht:

> Wo Kommunikation in ihrer unmittelbaren – physischen – Dimension im Unterricht erfolgt, wo Mimik, Gestik und Theatralik im kommunikativen Prozess zum Einsatz kommen, wo (...) die Struktur der Sprache selbst als Ausdruck physisch determinierter Interaktionsformen interpretiert und vermittelt wird, kann Internet nur als höchst unzureichender Kommunikationsersatz zum Einsatz kommen. Sprache in ihrer ‚Leiblichkeit' kann über das Internet nicht vermittelt werden (Pfeiffer 2005: 141 f.).

7 Schluss

Zusammenfassend lässt sich festhalten, dass die Qualität von Verbundlernkonzepten ganz entscheidend davon abhängt, wie durchdacht die Integration von eLernen und Präsenzlehre ist – über ein bloßes Nebeneinander hinaus. Dazu gehört die grundsätzliche Frage, ob die jeweiligen Lerninhalte, Lernschritte oder Aufgabentypen der jeweiligen Lernform bzw. dem verwendeten Medium angemessen sind. Eine weitere wichtige Frage ist, wie die Einbindung von Lernerfahrungen aus der eLern-Phase in die Präsenzphase und umgekehrt genau gelöst wird. Eine eLern-Komponente nur deshalb einzuführen, um „mit der Zeit zu gehen", ohne eine inhaltliche Rechtfertigung dafür zu haben, scheint nicht sinnvoll. Dass Verbundlernen durchaus das Potential besitzt, einen autonomen und konstruktivistischen Lernprozess zu unterstützen, lässt sich an verschiedenen Modellen zeigen, die es auch im Fremdsprachenbereich inzwischen gibt. Hier wurde das Beispiel *LQuest* vorgestellt, das insbesondere bei der Einbindung in ein Verbundlernkonzept und bei der Beachtung einiger Gestaltungsgrundsätze durch seine Projekt- und Aufgabenorientierung gute Möglichkeiten bietet, didaktisch anspruchsvolle Lernarrangements mit eLern-Komponente im Fremdsprachenunterricht umzusetzen. Angesichts der häufig auftretenden Problematik, dass eLern-Elemente einem konventionellen Unterricht nur „aufgepfropft" werden, sollte meines Erachtens der Fokus in der weiteren Entwicklungsarbeit weniger auf der Bereitstellung von möglichst ausgefeilten eLern-Materialien („*content*") liegen, sondern auf der Konzeption integrierter Verbundlernumgebungen, die grundlegenden lerntheoretischen bzw. fremdsprachendidaktischen Anforderungen genügen und eLern-Materialien in ganzheitliche Lernszenarien einbinden.

Bibliographie

Beckers, Christa (o.J.): Der Reklamationsbrief. Eine Webrecherche für die Berufsausbildung. CEF-Niveau B1 lesen und schreiben. http://www.kennisnet.nl/thema/talenquest/talenquests/vo1518/duits/reklamationsbrief/index.htm, Zugriff 23.01.2007.

Boeckmann, Klaus-Börge 2001: Elektronische Medien. In: Helbig/Götze/Henrici/Krumm (Hrsg.) 2001, 1100-1111.

Boeckmann, Klaus-Börge 2006: Erfahrungen mit Verbundlernen in der universitären Lehre: Blended Learning mit der Plattform ILIAS. In: Zwiauer (Hrsg.) 2006, 11-22.

Boeckmann, Klaus-Börge 2007: Aufgaben im Verbundlernen mit Neuen Medien: Projektorientierte eLernszenarien. Theorie und Praxis. Österreichische Beiträge zu Deutsch als Fremdsprache, 10 (2007), 101-117.

Dodge, Bernie 2002: A WebQuest about WebQuests. Educational Technology Department at San Diego State University. http://webquest.sdsu.edu/webquestwebquest-hs.html, Zugriff 1.10.2006.

Dodge, Bernie 2006: The WebQuest Page. Educational Technology Department at San Diego State University. http://webquest.sdsu.edu/webquest.html, Zugriff 30.09.2006.

Driessen, Marianne 2002: Language Quest: a special form of a WebQuest. http://www.ecml.at/projects/voll/our_resources/graz_2002/pthinking/marianewebquest/menu_webquest.htm, Zugriff 30.09.2006.

Freibichler, Hans / Menrath, Boris 1995: Verstehen und verstanden werden. Konzept eines europäischen multimedialen Sprachtrainings. Zeitschrift für Kulturaustausch, 45: 4, 576–581.

Haunschmid, Josef Michael 2000: Artikel und Endungen. Ein altes Mietshaus in der Jahngasse... http://www.inawe.de/don/artikendungen/mietshausendc.htm, Zugriff 12.09.2006.

Helbig, Gerhard / Götze, Lutz / Henrici, Gert / Krumm, Hans-Jürgen (Hrsg.) 2001: Deutsch als Fremdsprache. Ein internationales Handbuch. (=Handbücher zur Sprach- und Kommunikationswissenschaft). Berlin etc.: Walter de Gruyter.

Hensgens, Henk (o.J.): Trendy Handy. Alles über Handys, Töne, Bilder, Clips & Covers. Ein TalenQuest Deutsch für die 9. Klasse. http://www.cps.nl/ftp/Duits/Trendyhandy/INDEX.HTM, Zugriff 23.01.2007.

Koenraad, Ton 2002: TalenQuests: WebQuests for Modern Languages. Paper presented at the CALL 2002 Conference. http://koenraad.freezope.org/CALL/WebquestsFinal.doc, Zugriff 30.09.2006.

Koenraad, Ton / Westhoff, Gerard 2003: Can you tell a language quest when you see one? Design citeria for language quests. http://www.feo.hvu.nl/koen2/Home/talenquest/TQEurocall.pdf, Zugriff 30.09.2006.

Lang, Christina / von der Handt, Gerhard (Hrsg.) 2004: Sprachenlernen im Verbund. Medien- und fachdidaktische Herausforderungen am Beispiel seltener Sprachen. Bielefeld: W. Bertelsmann.

Mitschian, Haymo 2000: Vom Behaviorismus zum Konstruktivismus. Das Problem der Übertragbarkeit lernpsychologischer und -philosophischer Erkenntnisse in die Fremdsprachendidaktik. Zeitschrift für Interkulturellen Fremdsprachenunterricht [Online], 4: 3.

Österreichisches Sprachen-Kompetenz-Zentrum, ÖSZ 2006: Europasiegel für innovative Sprachenprojekte. Förderung der Aus- und Fortbildung von Lehrpersonen im Sprachenbereich. Durchführung und Auszeichnungen 2006. Graz: Österreichisches Sprachen-Kompetenz-Zentrum.

Pfeiffer, Hans 2005: Das Internet im Fremdsprachenunterricht. Bestandsaufnahme - Vergleiche - Analysen. (=Schriftenreihe „Pädagogik mit neuen Medien“ 2). Wien: Infothek.

Piaget, Jean 2003: Meine Theorie der geistigen Entwicklung. (=Beltz-Taschenbuch 142: Psychologie). Weinheim etc.: Beltz.

Reich, Kersten 2006: Konstruktivistische Didaktik. Lehr- und Studienbuch mit Methodenpool (3., völlig überarb. Aufl.). (=Beltz Pädagogik). Weinheim etc.: Beltz.

Skinner, Burrhus F. 1957: Verbal behavior. (=The Century psychology series). Englewood Cliff, NJ: Prentice-Hall.

von der Handt, Gerhard 2004: Fachdidaktische Begründung eines Lernverbunds. In: Lang/von der Handt (Hrsg.) 2004, 13-36.

von Glasersfeld, Ernst 1996: Radikaler Konstruktivismus. Ideen, Ergebnisse, Probleme. (zit. n. Pfeiffer 2005, 43, FN 228). Frankfurt am Main: Suhrkamp.

von Glasersfeld, Ernst / Fischer, Hans Rudi 1997: Wege des Wissens - konstruktivistische Erkundungen durch unser Denken. Heidelberg: Carl Auer.

Wendt, Michael 2000a: Kognitionstheorie und Fremdsprachendidaktik zwischen Informationsverarbeitung und Wirklichkeitskonstruktion. In: Wendt (Hrsg.) 2000b, 15-39.

Wendt, Michael (Hrsg.) 2000b: Konstruktion statt Instruktion. Neue Zugänge zu Sprache und Kultur im Fremdsprachenunterricht. (=Kolloquium Fremdsprachenunterricht; 6). Frankfurt am Main; Wien etc.: Lang.

Westhoff, Gerard 2004: The art of playing a pinball machine. Characteristics of effective SLA-tasks. Babylonia 3 (2004), 58-62.

Westhoff, Gerard 2006: Die Multi-Merkmal-Hypothese. Charakteristiken effektiver Sprachlernaufgaben. Theorie und Praxis. Österreichische Beiträge zu Deutsch als Fremdsprache, 9 (2005), 59-72.

Wolff, Dieter 2002: Fremdsprachenlernen als Konstruktion. Grundlagen für eine konstruktivistische Fremdsprachendidaktik. Frankfurt am Main; Wien etc.: Lang.

Zwiauer, Charlotte (Hrsg.) 2006: eLearning beginnen. Die Pilotphase der Universität Wien. Frankfurt am Main etc.: Lang.

Univ.-Prof. Mag. Dr. Klaus-Börge Boeckmann
Institut für Germanistik
Universität Wien
Dr.-Karl-Lueger-Ring 1
1010 Wien
e-mail: klaus-boerge.boeckmann@univie.ac.at

Eva Mandl

Prinzipien zur Gestaltung von Online-Phasen im Fremdsprachenunterricht

1 Einleitung

So wie für den Fremdsprachenunterricht nicht „die“ Methode, die für alle Lernkontexte gültig ist, existiert, kann es diese auch in mediendidaktischer Hinsicht nicht geben. Vielmehr müssen Richtlinien erarbeitet werden, die es den Lehrenden ermöglichen, die neuen Medien sinnvoll in ihren Unterricht zu integrieren und deren Potenzial für den Spracherwerb zu nutzen. Denn dass die neuen Medien ihren Einzug in die Klassenzimmer finden müssen und zur Qualitätssteigerung im Fremdsprachenunterricht beitragen können, wird nach langer Zeit der Skepsis heute nicht mehr in Frage gestellt (vgl. Roche 2005: 139).

Im folgenden Beitrag[3] werden daher ausgehend von zwei sehr unterschiedlichen Lernszenarien sechs Prinzipien beschrieben, die den Einsatz von eLearning-Elementen im Fremdsprachenunterricht von Beginn an begleiten und unterstützen sollen. Denn sowohl EntwicklerInnen von eLearning-Angeboten als auch die einzelnen Lehrenden müssen zahlreiche methodisch-didaktische Entscheidungen treffen, um Online-Phasen zu gestalten und in den Präsenzunterricht einzubauen. Damit sollte in Zukunft auch verhindert werden, dass wie bisher häufig technische Entscheidungen im Vordergrund stehen und wesentliche Aspekte des Lernens und Lehrens außer Acht gelassen werden.

---

[3] Dieser Beitrag ist eine Fortführung des in den ÖDaF-Mitteilungen erschienen Artikels: Eva Mandl 2005: Die Pointe ist die Zusammenarbeit. Das eLearning-Projekt des Österreich-Instituts. In: ÖDaF-Mitteilungen, Heft 2 (2005), IDT-Sondernummer, 52-62.

2 Ausgangspunkte

2.1 Der e-kl@r-Kombikurs des Österreich Instituts[4]

Das Österreich Institut führt an mehreren Standorten in Polen, Tschechien, der Slowakei, Ungarn, Slowenien und Italien Deutschkurse durch. Eigentümer ist die Republik Österreich, die einzelnen Institute sind jedoch privatrechtlich organisiert. Das Österreich Institut hat bereits mit der Entwicklung des Österreich Portals[5] neue Wege im Fremdsprachenunterricht eingeschlagen. So wurden zum einen alle Lehrenden an den einzelnen Instituten intensiv in die Arbeit mit dem Österreich Portal eingeführt, zum anderen sieht auch der Lehrplan die Einbeziehung des Internets in den Unterricht vor.

Um den innovativen Charakter der Deutschkurse an den Österreich Instituten weiter auszubauen und die Möglichkeiten zum individuellen Lernen zu verstärken, wurde 2004 ein Sprachkurs konzipiert, der zu einer Hälfte in Präsenzstunden und zur anderen in Online-Phasen absolviert wird, also „klassische" Lernformen und eLearning-Elemente kombiniert.[6] Da sich der Begriff *Blended Learning* für eine mit der deutschen Sprache beschäftigte Institution nicht eignet, entschied man sich für die Bezeichnung e-kl@r-Kombikurs.

Die Zielgruppe sind Lernende ab der Stufe A7 des Curriculums des Österreich Institutes (nach Zertifikat Deutsch/B1). Der Kurs läuft über 15 Wochen und umfasst 60 Unterrichtseinheiten, wovon die Hälfte vierzehntägig als Präsenzkurs abgehalten wird. Der Online-Teil wird über ein Lernforum organisiert, in dem in jedem Modul eine individuelle sowie eine kooperative Aufgabe zu lösen sind und die Möglichkeit zum Austausch sowie zur Vertiefung gegeben ist.

Die ersten Schritte des Projekts beinhalteten die Erstellung eines Konzepts für diese neue Kursform, die Entwicklung eines Lernforums und die Ausarbeitung eines Pilotkurses für die Stufe A7. Im Anschluss an eine intensive Einschulung der Lehrenden wurde der Kurs an zwei Standorten pilotiert, evaluiert und in weiterer Folge überarbeitet, wobei parallel dazu bereits die Module für die nächste Kursstufe erarbeitet wurden. Die folgende Kursstufe A9 wurde unter Anleitung des ursprünglichen Projektteams von den Lehrenden der Österreich Institute in Arbeitsgruppen selbst erstellt.

---

[4] Einführung und Demo-Film: Österreich Institut (2001a)

[5] Plattform mit Landeskundepaketen und Informationen für den internetgerechten Unterricht: Österreich Institut (2001b)

[6] Konzeption Lernforum/Online-Module: Eva Mandl;
Konzeption Präsenzphasen: Martina März;
Entwicklung Lernforum: Tim Preuster, CU-Media;
Wissenschaftliche Begleitung: Hans-Jürgen Krumm/Klaus-Börge Boeckmann (Universität Wien).

Die Evaluation der Pilotkurse in Bratislava und Warschau basiert auf Rückmeldungen der Lehrenden nach jedem einzelnen Modul sowie auf den von den Lernenden im Modul 7 bearbeiteten Fragebögen und der im Lernforum veröffentlichten Kursreflexion. Hinzu kommt ein ausführliches Interview mit der Kursleiterin aus Bratislava.

2.2 Lehrveranstaltungen mit WebCT Vista am Zentrum für Translationswissenschaft der Universität Wien

Das Bakkalaureatsstudium „Internationale Kommunikation" am Zentrum für Translationswissenschaft (ehemals Institut für Übersetzen und Dolmetschen) ist in Studieneingangsphase und Hauptstudium unterteilt. Die Ausbildung erfolgt in der Mutter- bzw. Bildungssprache und in zwei Fremdsprachen. Studierende mit einer anderen Mutter- bzw. Bildungssprache als Deutsch müssen als erste Fremdsprache Deutsch wählen. Das betrifft mehr als die Hälfte aller Inskribierten am Zentrum. Vor allem in der Studieneingangsphase müssen in den gewählten Sprachen Lehrveranstaltungen zur Sprachvervollkommnung absolviert werden. Diese sind als Übungen mit Anwesenheitspflicht und immanentem Prüfungscharakter angelegt. Als Voraussetzung für die Teilnahme an den Übungen muss das Niveau C1 nachgewiesen werden.

In diesen Übungen soll verstärkt die seit 2004 an der Universität Wien verwendete Lernplattform WebCT Vista eingesetzt werden, mit dem Ziel, zum einen die Betreuung der Studierenden zu verbessern und zum anderen das individuelle Lernen zu fördern. WebCT Vista ist eine webbasierte eLearning-Plattform, deren Inhalte von jedem Computer mit Internetanschluss abgerufen werden können und die die Bereitstellung und Organisation von Lernmaterialien sowie die Unterstützung von verschiedenen Kommunikationskanälen ermöglicht. Außerdem bietet die Plattform ein internes Mail-System, Diskussionsforen, Chats sowie einen Kalender für private und öffentliche Einträge.[7]

Zur Zeit wird die Lernplattform in den meisten Lehrveranstaltungen am Zentrum für Translationswissenschaft nur zusätzlich zur Präsenzlehre eingesetzt, d.h. Online-Phasen mit „kleineren" Aufgabenstellungen finden zwischen den Präsenzeinheiten statt, ersetzen diese aber nicht. Geplant ist, dass in den kommenden Semestern alle Lehrenden in den Übungen, vor allem in der Studieneingangsphase, WebCT Vista einsetzen und einzelne Präsenzeinheiten zugunsten von Online-Phasen entfallen.

---

[7] Weitere Informationen: Universität Wien (2006). Zur Lernplattform WebCT Vista an der Universität Wien vgl. auch Rieder-Bünemann (in diesem Band).

Zur Umsetzung dieses Zieles wurde ein Projekt zur Weiterentwicklung eines fachspezifischen eLearning-Konzepts für die Studieneingangsphase des B.A. Studiums „Internationale Kommunikation“ gestartet (ELACOM - E-Learning for Acquiring Multilingual and Cross-cultural Communication Competences). Einen Schwerpunkt dieses Projekts bilden Maßnahmen zur methodisch-didaktischen Weiterbildung der Lehrenden im Bereich eLearning. Neben Schulungen wurde daher mehrmals im Laufe eines Semesters ein eLearning-Jour fixe organisiert, der den Lehrenden die Möglichkeit zum Erfahrungsaustausch bietet, gleichzeitig aber auch eine Bedürfnisanalyse für die künftigen Schritte der Weiterbildung ermöglicht.

Da das Projekt noch läuft und die Endevaluation noch nicht stattgefunden hat, können hier nur Zwischenergebnisse berücksichtigt werden. Außerdem fließen im Folgenden die Beobachtungen aus der eigenen Lehrtätigkeit sowie die Erfahrungsberichte aus den Jour fixe-Treffen ein.

3 Prinzipien

3.1 Erstes Prinzip: Analyse der Zielgruppe

Der Wandel der gesellschaftlich-politischen Rahmenbedingungen der letzten Jahre hat im Fremdsprachenunterricht zu einem Perspektivenwechsel vom Lehren zum Lernen geführt (vgl. Neuner 1997: 41f.) Im Mittelpunkt steht nun der Lernende als Individuum, dessen Lernvoraussetzungen, Bedürfnisse und Lernumgebung die Gestaltung der Lernmaterialien und des Unterrichts bestimmen. Auch bei der Konzeption von eLearning-Kursen sollte man daher die konkrete Zielgruppe vor Augen haben, um Entscheidungen auf allen Gestaltungsebenen[8] treffen zu können.

Als erster Schritt empfiehlt es sich, die Zielgruppe detailliert zu beschreiben bzw. – wenn möglich – Anforderungen zu formulieren, die für die Teilnahme an dem Kursangebot erforderlich sind. Folgende Fragestellungen (vgl. Reinmann 2003: 89) können dabei hilfreich sein:

---

[8] Strukturebene = Ebene der didaktischen Szenarien, Prozessebene = Ebene der didaktischen Interaktionsmuster, Technische Ebene = Ebene der technischen Tools (vgl. Reinmann 2005: 130ff.).

Demografische Daten

- Welchen Umfang hat meine Zielgruppe?
- Wie ist die Geschlechts-/Altersverteilung?
- Wie steht es um die regionale Verteilung und die Mobilität?
- Welche technische Ausstattung steht der Zielgruppe zur Verfügung?

Fachliche Vorkenntnisse

- Was weiß meine Zielgruppe über den zu vermittelnden Gegenstand?
- Handelt es sich um AnfängerInnen, Fortgeschrittene, ExpertInnen?

Überfachliche Kompetenzen

- Welche Lern- und Medienkompetenz bringt die Zielgruppe mit?
- Welche anderen Kompetenzen/Lernstile können vorausgesetzt werden?

Motivation

- Von welcher Motivation kann man bei meiner Zielgruppe ausgehen (mehr extrinsisch oder intrinsisch)?

Homogenität/Heterogenität

- Wie homogen/heterogen ist die Zielgruppe in welchen Merkmalen?
- Im Falle einer heterogenen Gruppe: Wie setzt sich diese zusammen?

Für den Fremdsprachenunterricht muss (müssen) in der Frage nach der Homogenität bzw. Heterogenität der Zielgruppe vor allem die Erstsprache(n) der Teilnehmenden berücksichtigt werden. Denn es bedeutet einen beachtlichen Unterschied, ob die Lernenden über dieselbe Erstsprache verfügen oder die zu erlernende Sprache gleichzeitig die einzig gemeinsame ist. Die Kommunikationsabläufe, aber auch die Aufgabenstellung werden dadurch beeinflusst.

Für den e-kl@r-Kombi-Kurs wurde zunächst von den Teilnehmenden eines allgemeinen Sprachkurses derselben Niveaustufe am Österreich Institut ausgegangen. Die Zielgruppe sind Lernende ab 16 Jahren auf dem Niveau von Zertifikat B1 mit einer gemeinsamen Erstsprache, die zwar aus unterschiedlichen Gründen (Weiterbildung, Studienvorbereitung, Hobby, etc.), aber grundsätzlich

„freiwillig" den Kurs besuchen. Die Gruppengröße variiert in den Standardkursen zwischen vier und zwölf Personen. Für das eLearning-Kursangebot kommt nun hinzu, dass die Lernenden sowohl Interesse an den neuen Medien haben, als auch bereits ausreichend Lernerfahrung besitzen, um ihr Lernen selbst zu organisieren. Weiters wird davon ausgegangen, dass sich einige für diesen Kurs entscheiden, da für sie aus unterschiedlichen Gründen ein Kursbesuch zweimal pro Woche nicht in Frage kommt.

Bei der Beratung werden außerdem Voraussetzungen für die Kursteilnahme angegeben (vgl. Abb.1):

Das ist der richtige Kurs für Sie, wenn Sie ...

- gerne mit dem Computer arbeiten
- gut mit Internet und Word umgehen können (*E-Mail schreiben und Attachment anfügen, Dokumente öffnen, kopieren und speichern, Dokumente aus dem Internet downloaden*)
- über einen Internetzugang verfügen, den sie regelmäßig nutzen können
- etwas Neues ausprobieren möchten
- Deutsch auf dem Niveau vom Zertifikat Deutsch (B1) können
- sich Ihre Zeit frei einteilen möchten

Abbildung 1: Informationsblatt des Österreich Instituts (Herbst 2004)

Die Bedingungen, die in Bezug auf die IT-Kenntnisse an die Teilnehmenden gestellt werden, sichern in weiterer Folge den reibungslosen Kursablauf in technischer Hinsicht. Die Fähigkeit, die einzelnen Lernaktivitäten selbständig einzuteilen, ist hingegen für die Bearbeitung der Aufgabenstellungen während der Online-Phase unerlässlich. Zu den Voraussetzungen muss in Zukunft außerdem die Bereitschaft, in Gruppen zu arbeiten, hinzugefügt werden, da in jeder Online-Phase die kooperative Aufgabe, die zu zweit oder zu dritt durchzuführen ist, einen wesentlichen Bestandteil darstellt. Die Erfahrungen aus dem Pilotkurs in Warschau haben gezeigt, dass ein Fehlen dieser sozialen Kompetenz den gesamten Kursablauf stören und die übrigen Kursteilnehmenden demotivieren kann.

Die relative Homogenität der Zielgruppe sowie die Möglichkeit, Voraussetzungen zu definieren und danach KursteilnehmerInnen bewusst anzusprechen bzw. gegebenenfalls auch von diesem Kurs abzuraten, erleichterte zum einen die Konzeption des e-kl@r-Kombikurses in allen Phasen und ermöglichte es zum anderen den Lehrenden, sich gezielt vorzubereiten.

Ein ganz anderes Bild ergibt sich bei Betrachtung der Studierenden am Zentrum für Translationswissenschaft. Hier überwiegen die Unterschiede, von Homogenität ist kaum zu sprechen. Die LehrveranstaltungsleiterInnen treffen auf Gruppen von jeweils 30 bis 40 Personen, durchschnittlich im Alter von 18 bis 30 Jahren, überwiegend weiblich und aus Ländern Mittel-, Ost- und Südosteuropas. Hinzu kommen Austauschstudierende, meist aus Frankreich, Spanien oder England. Die Deutschkenntnisse wurden im Heimatland in Schulen, in Kursen oder an der Universität erworben bzw. in Österreich am Vorstudienlehrgang, in Deutschkursen oder im Selbststudium. Die Lernerfahrungen sind dadurch äußerst unterschiedlich, die Methoden, mit denen gelernt wurde, reichen von reinem Frontalunterricht bis zu offenen Formen des Lernens. Minimale Computerkenntnisse können inzwischen bei den meisten vorausgesetzt werden, man trifft aber immer wieder auf Studierende, die weder E-Mails verfassen noch einen Text speichern können.

Als Voraussetzung für die Teilnahme an einer Übung muss – neben der generellen Zulassung zum Studium – das Niveau C1 (abgeschlossene Mittelstufe) nachgewiesen werden. Studierende, die über höhere Kenntnisse verfügen, müssen die Übungen trotzdem besuchen, auch wenn einige von ihnen die Matura an einer österreichischen Schule abgelegt haben und somit als zweisprachig einzustufen sind.

Da es sich um prüfungsimmanente Pflichtlehrveranstaltungen handelt und man aufgrund der großen Studierendenzahlen nur schwer einen Platz bekommt, ist die Motivation generell hoch, wobei eine starke Prüfungsorientierung ebenso zu beobachten ist wie die Tatsache, dass Hausaufgaben und Vorbereitungen von vielen nur dann erledigt werden, wenn es auch eine Form der Kontrolle gibt. Wie unterschiedlich Studierende das zusätzliche Übungsangebot auf der Lernplattform nutzen, zeigt Abb. 2:

StudentIn	Sitzungen	Gesamtzeit
StudentIn 1	0	00:00:00
StudentIn 2	63	19:31:11
StudentIn 3	21	01:53:18
StudentIn 4	44	42:42:27
StudentIn 5	13	05:01:56
StudentIn 6	1	00:02:16
StudentIn 7	16	06:30:51

Abbildung 2: Ausschnitt aus der statistischen Auswertung der Lehrveranstaltung „Übungen zur deutschen Grammatik" (SS 2006)

Allen Studierenden gemeinsam ist die Möglichkeit, das Medienlabor am Zentrum und die Computerräume der Universität gratis zu benutzen. Außerdem kann über die Universität ein Internetzugang zu einem günstigen Tarif zu Hause installiert werden.
Die Heterogenität dieser Zielgruppe und die nicht vorhandene Möglichkeit, die Zugangskriterien weiter einzuschränken, beeinflussen die weitere Vorgehensweise. Es muss sicher gestellt sein, dass die unterschiedlichen Voraussetzungen und Kenntnisse berücksichtigt werden und kein permanentes Lernhindernis darstellen. So könnte zum Beispiel durch den verstärkten Einsatz von eTutorInnen eine Betreuung der Studierenden über die Lehrveranstaltung hinaus gewährleistet werden.

Fazit

Sich der Gemeinsamkeiten und der Unterschiede der Zielgruppe bewusst zu sein, hilft nicht nur in der Konzeption, sondern stellt eine unabdingbare Voraussetzung für den Erfolg eines eLearning-Angebots dar.

3.2 Zweites Prinzip: Intensive Schulung der Lehrenden

Fortbildungsmaßnahmen zum Thema „Neue Medien im Fremdsprachenunterricht" beschränken sich häufig auf das Kennenlernen einzelner Websites, Programme oder AutorInnenwerkzeuge; die Frage nach der konkreten Unterrichtsorganisation, der Aufgabenstellung, der veränderten Lernprozesse oder der neuen Rolle der Lehrenden werden kaum behandelt. Auf der anderen Seite stehen viele Lehrende dem Einsatz neuer Medien sehr reserviert gegenüber, da sie befürchten, als Lehrperson nicht mehr benötigt zu werden, aber auch deshalb, weil die notwenigen technischen Kenntnisse häufig überschätzt werden (vgl. Marx & Langner 2005: 7f.).

Es muss im Interesse der Institutionen sein, ihre Lehrenden umfassend zu schulen, um Innovationen auch umzusetzen und den Bedürfnissen der Lernenden gerecht zu werden. Es kann von Lehrenden nicht erwartet werden, dass sie sich ausschließlich in ihrer Freizeit fortbilden und eventuell auch noch die Kosten dafür tragen.

In diesem Punkt kann dem Österreich Institut sicher Vorbildcharakter zugeschrieben werden, denn die Weiterbildung der Lehrenden stellt einen wesentlichen Bestandteil der Qualitätssicherung dar. Für das e-kl@r-Projekt bedeutete dies, dass vor Beginn der Pilotphase aus jedem Österreich Institut jeweils ein/e VertreterIn an einer Einschulung teilnahm. Da diese ebenso wie alle ihre KollegInnen bereits Fortbildungen zum Thema *Neue Medien im Fremdsprachen-*

unterricht besucht hatten und außerdem das Curriculum den Einsatz derselben auch vorschrieb, konnten die Grundlagen vorausgesetzt werden. Im Mittelpunkt stand daher das Kennenlernen des neuen Kurskonzepts und die kritische Beurteilung der einzelnen Elemente. Alle Module des Kurses A7 wurden in Kleingruppen ausprobiert und anschließend diskutiert. Dabei lagen die Schwerpunkte in erster Linie auf der Gestaltung der konkreten Unterrichtssituation und der Organisation des Lernprozesses.

Ziel dieser Fortbildung war nicht nur die umfassende Schulung, sondern auch die Einbindung der Lehrenden in den Entwicklungsprozess. So wurden zum Beispiel aufgrund der Rückmeldungen einige Aufgabenstellungen konkretisiert oder leicht verändert. Jeder/e VertreterIn fungiert in Folge an dem jeweiligen Institut als Experte/in und ist für die Einschulung der KollegInnen zuständig. Regelmäßige Treffen der Delegierten dienen dem weiteren Austausch, aber auch der Rückmeldung von Problemen und Fragstellungen an die Institutsleitung und die Entwicklerinnen.

Während das Österreich Institut bereits bei der Anstellung der Lehrenden eine hohe methodisch-didaktische Kompetenz voraussetzt und diese fortwährend gezielt weiterbildet, ist an den Universitäten der Begriff Hochschuldidaktik ein relativ neuer. Die Fähigkeit zum wissenschaftlichen Arbeiten und die theoretischen Kenntnisse des jeweiligen Faches haben nach wie vor einen höheren Stellenwert als Lehrerfahrung und eine pädagogische Ausbildung. Fortbildungen im hochschuldidaktischen Bereich werden zwar von der Personalentwicklung der Universität angeboten[9], sind aber nicht verpflichtend und werden nur von einem kleinen Teil der Lehrenden in Anspruch genommen. Auch am Zentrum für Translationswissenschaft unterrichten viele ExpertInnen auf dem Gebiet der Internationalen Kommunikation bzw. des Dolmetschens und Übersetzens, die auf der theoretischen Ebene sehr wenig über das Lehren und Lernen von Fremdsprachen wissen und daher häufig auf ihre eigenen Lernerfahrungen zurückgreifen müssen. Für die Schulung im Bereich der neuen Medien bedeutet aber das Fehlen des methodisch-didaktischen Basiswissens eine zusätzliche Hürde, da keine gemeinsame Begriffsebene vorhanden ist und Diskussionen häufig ins Leere laufen, weil sie auf das Berichten von Beispielen aus der eigenen Unterrichtserfahrung reduziert sind.

Andere Lehrende wiederum können auf eine Ausbildung im Bereich Fremdsprachendidaktik oder ein Lehramtstudium aufbauen. Somit weist auch die Gruppe der Lehrenden ein großes Maß an Heterogenität auf und muss daher differenziert geschult werden. Es gilt daher ergänzend zu den allgemeinen eLearning-Schulungen[10] des *Zentralen Informatikdienstes* und des *Projekt-*

---

[9] Weitere Informationen: Universität Wien (2007a)

[10] Weitere Informationen: Universität Wien (2007b)

zentrums Lehrentwicklung der Universität ein Fortbildungskonzept auszuarbeiten, das den unterschiedlichen Bedürfnissen gerecht wird und zugleich einen Anreiz bietet, daran teilzunehmen.

Fazit

Der umfassenden Schulung der Lehrenden kommt eine bislang häufig vernachlässigte Schlüsselfunktion in der Etablierung von eLearning-Angeboten im Fremdsprachenunterricht zu, denn die technisch besten Lernwerkzeuge und ein ideal auf die Zielgruppe abgestimmtes didaktisches Konzept brauchen kompetente wie auch motivierte Lehrende zur erfolgreichen Umsetzung.

3.3 Drittes Prinzip: Technik im Hintergrund

Die Frage, ob für ein eLearning-Angebot zuerst die Technik oder das methodisch-didaktische Konzept entwickelt werden soll, lässt sich nicht so einfach beantworten. Folgende Beobachtung zeigt aber, dass häufig ein falscher Weg eingeschlagen wird:

> Nicht selten sind Menschen mit der Einführung digitaler Medien betraut, die sich um das Lernen an sich noch keine großen Gedanken gemacht haben, die keine oder wenig Lehrerfahrung haben und die weder Information, noch Unterstützung zum Kern ihrer neuen Aufgabe - nämlich zur Förderung des Lernens - erhalten. Als würden die digitalen Medien die grundlegenden Probleme und Herausforderungen des Lernens und Lehrens wesentlich verändern oder gar ‚wegzaubern', vertraut man - sobald es um Lernen mit digitalen Medien geht - nur allzu oft auf letztlich fachfremde Empfehlungen und Produkte aus der Branche der Ingenieure (Reinmann 2005: 21).

Da die Technik lediglich ein Hilfsmittel zur Unterstützung von Unterrichtsabläufen und Lernprozessen darstellt, sollte sie diese nicht behindern, indem die Bedienung einzelner Tools sowohl Lehrende als auch Lernende überfordert bzw. Spezialkenntnisse abverlangt, die nicht vermittelt werden können. Einige Angebote im Netz verlangen mehr IT-Kenntnisse als Sprachkenntnisse, um das Lernprogramm erfolgreich zu bewältigen. Die technische Entwicklung von digitalen Lernumgebungen muss zum einen den Kriterien der NutzerInnenfreundlichkeit (*usability*)[11] entsprechen und zum anderen die neuesten Erkenntnisse der Sprachlehr- und -lernforschung integrieren. Somit wird klar, dass dieser Prozess nur unter Beteiligung von ExpertInnen aus beiden Bereichen – dem technischen wie dem methodisch-didaktischen – erfolgreich verlaufen kann.

---

[11] Aspekte der *usability*: Erlernbarkeit, Effizienz, Erinnerbarkeit, geringe Fehlerrate, Zufriedenheit (vgl. Niegemann u.a. 2004: 313f.).

Während der Konzeptphase des e-kl@r-Kombi-Kurses hatten wir den Vorteil, dass diese beiden Seiten von Beginn an einbezogen waren und der ursprüngliche Plan, eine bereits bestehende Lernplattform zu adaptieren, zugunsten einer eigenen Lösung aufgegeben wurde. Auf Basis der Software des *Österreich Portals* wurde ein Lernforum eingerichtet, in dem das Kurskonzept optimal umgesetzt werden konnte. Der Prozess der Entwicklung war bestimmt durch die Überprüfung unserer Vorstellungen auf technische Realisierbarkeit und einer gemeinsamen Suche nach Lösungen, die aber nie eine Abkehr vom ursprünglichen didaktischen Konzept bedeuteten. Abb. 3 zeigt ein Beispiel des Lernforums für den Pilotkurs in Bratislava (ohne allgemeines Forum):

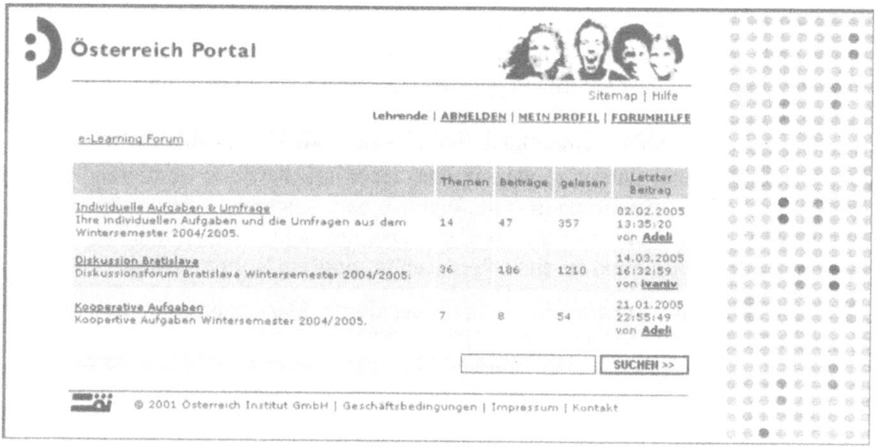

Abbildung 3: Lernforum des e-kl@r-Kurses

Dabei wurde ganz bewusst auf technische Spielereien verzichtet und versucht, eine schlichte Form zu finden, die dennoch den Anforderungen der NutzerInnenfreundlichkeit entspricht. Im Verlauf der Pilotkurse kam es in Folge auch kaum zu Problemen bei der Benutzung des Forums. Ebenso ergab die Evaluation eine hohe Zufriedenheit mit der Struktur des Lernforums.

Für die Lehrveranstaltungen am Zentrum für Translationswissenschaft steht hingegen die Lernplattform WebCT Vista zur Verfügung, die von der Universität angekauft wurde. WebCT ist der weltweit führende Anbieter von eLearning-Systemen für höhere Bildungseinrichtungen und eignet sich laut Selbstbeschreibung für sämtliche Hochschulformen.[12] Die Lernplattform wurde zwar speziell für die Universität Wien konfiguriert, entspricht aber nicht unbedingt den Anforder-

[12] Weitere Informationen: WebCT (2005)

ungen des Fremdsprachenunterrichts. So gibt es immer wieder Probleme mit diakritischen Zeichen, und besonders schwer ins Gewicht fällt die fehlende Integration von Wikis (Texte im Internet, die online von allen BenutzerInnenn gemeinsam gestaltet werden können). Positiv hervorzuheben sind die relativ einfache Navigation und die übersichtliche Struktur. Als größtes Plus muss allerdings der hervorragende Support durch den Zentralen Informatikdienst erwähnt werden, der bei auftretenden Problemen immer kompetent und auch geduldig zu helfen weiß.

Für die Lehrenden bedeutet diese bestehende Vorgabe von Seiten der Technik sich sehr bewusst zu entscheiden, welche der angebotenen Werkzeuge für ihre Lernziele und ihre Studierenden sinnvoll sind und eine Ergänzung des Präsenzunterrichts darstellen könnten. Aufgrund der unterschiedlichen Voraussetzungen muss außerdem gesichert sein, dass die Lernenden auch mit der Lernplattform umgehen können. Daher sollten in der Anfangsphase jeder Lehrveranstaltung Aufgaben gewählt werden, die einen einfachen, aber interessanten ersten Kontakt mit der Lernplattform ermöglichen und zum weiteren Gebrauch motivieren. Gleichzeitig ist aber darauf zu achten, dass technisch versierte Studierenden bzw. jene, die bereits Erfahrungen mit WebCT aus anderen Lehrveranstaltungen mitbringen, nicht unterfordert werden. Das erreicht man durch zusätzliche Aufträge oder indem man an diese Personen gesonderte Rollen verteilt.

Weiters sollten die Inhalte der Lehrveranstaltung klar strukturiert und auf der Startseite übersichtlich dargestellt sein (vgl. Abb. 4).

Aber es muss auch Unterstützung bei Schwierigkeiten angeboten werden, sei es wie in diesem Beispiel durch den speziell für die Zielgruppe angelegten Ordner „Erste Hilfe bei Problemen mit WebCT“, der Hilfestellung zu den häufigsten Problemen beinhaltet, oder durch Hinweise auf Schulungen und im Idealfall durch eTutorInnen.

Abbildung 4: WebCT Startseite „Hörverstehen und Textproduktion" (SS 2006)

Fazit

In welcher Form auch immer technische Systeme zur Ergänzung des Fremdsprachenunterrichts eingesetzt werden: die Beherrschung der Technik darf nicht außer Acht gelassen werden, sollte aber den Kursverlauf weder dominieren noch einschränken.

3.4 Viertes Prinzip: Verknüpfung der Präsenz- und Online-Phasen

Da bisherige Erfahrungen gezeigt haben, dass sich die Abgeschlossenheit einzelner Online-Aktivitäten aufgrund der fehlenden Nachhaltigkeit weder als zielführend noch als motivierend erweist, nimmt die Frage nach den Möglichkeiten die Online-Phasen in den Präsenzunterricht zu integrieren, einen zentralen Stellenwert ein.

Im e-kl@r-Kombi-Kurs entsteht eine inhaltliche Verknüpfung der beiden Phasen einerseits durch die Fortführung des Themas der Präsenzeinheit in der Online-Phase, aber vor allem durch die Bearbeitung der kooperativen Aufgabe, die – über das Lernforum begleitet – jeweils zu zweit über E-Mail-Kontakt zu lösen ist und auf unterschiedliche Weise im Präsenzkurs präsentiert bzw. weiterbearbeitet wird.

Das Beispiel in Abb. 5 zeigt die Aufgabenstellung zur kooperativen Aufgabe aus dem Modul 5B (Kurs A8), im dem in der Präsenzphase das Thema *Werbung* bearbeitet wurde.

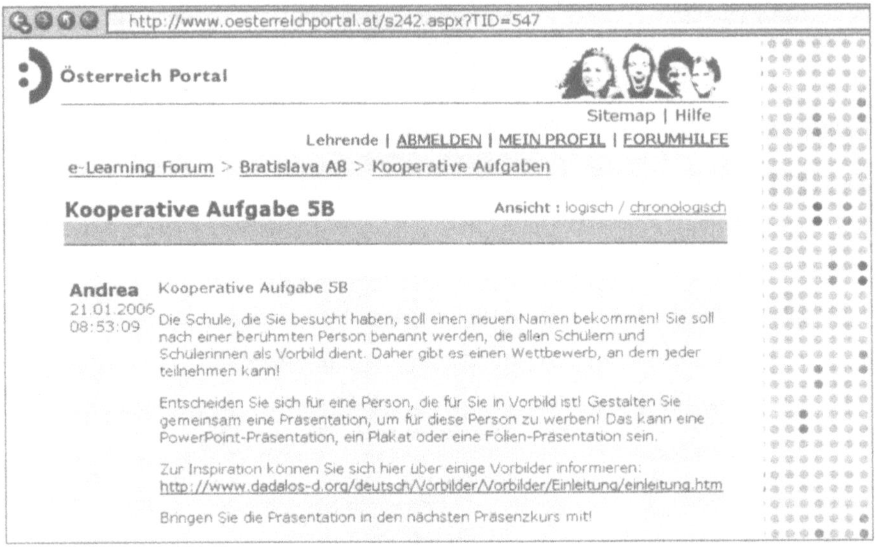

Abbildung 5: Kooperative Aufgabe im e-kl@r-Kurs

Die kooperative Aufgabe wird in Gruppen zu zwei (max. drei) LernerInnen bearbeitet, wobei die Lernenden selbst entscheiden, wann und wie sie die Aufgabenstellung lösen. Die Produkte werden in den nächsten Präsenzkurs mitgebracht und zu Beginn als Grundlage der Überleitungsphase, die den Abschluss des im vorhergegangen Modul bearbeiteten Themas bildet und zum nächsten hinführt, verwendet.

Außerdem werden die Texte, die die Lernenden im Laufe des Kurses im Forum publizieren, in den letzten Präsenz-Einheiten in den Kurs miteinbezogen sowie als Basis der letzten kooperativen Aufgabe verwendet. Darauf weist die Lehrperson bereits zu Beginn des Kurses hin.

Der kooperativen Aufgabe kommt deswegen eine besondere Bedeutung zu, da sie nicht nur die Verbindung zwischen den beiden Phasen darstellt, sondern auch dem Gefühl der Isoliertheit in der Zeit zwischen den Präsenzeinheiten entgegen wirken kann. Außerdem motiviert die Möglichkeit zur Mitgestaltung des Kurses durch selbst erstelltes Material zusätzlich und macht überdies deutlich, dass sowohl Präsenz- wie auch Online-Phase fixe, miteinander verknüpfte Bestandteile des Kurses sind.

Diese Form der Verknüpfung eignet sich aufgrund der Gruppengröße nicht für die Lehrveranstaltungen am Zentrum für Translationswissenschaft. Dennoch muss eine Möglichkeit gefunden werden, die die Online-Aktivitäten der Studierenden in den Präsenzunterricht einbindet. In den Übungen zur Textproduktion bietet sich die Vorbereitung bzw. Analyse von Hör- und Lesetexten an, wobei es nicht ausreicht, Texte einfach nur lesen bzw. hören zu lassen, sondern lernzielorientierte Aufgabenstellungen gefragt sind. Eine weitere Möglichkeit stellt eine Online-Diskussion dar, dabei müssen die Studierenden auf der Lernplattform in Kleingruppen eingeteilt werden. Ein Beispiel aus der Übung „Kommunikation Mutter-/ Bildungssprache Deutsch" (vgl. Abb. 6) zeigt eine mehrteilige Aufgabenstellung zum Thema „Sprache und Diskriminierung", die in einem Zeitraum von zwei Wochen zu bearbeiten war:

Aufgabenstellung

1. Woche

Hören Sie den Ö1-Beitrag "Sprache und Diskriminierung" und verfassen Sie eine kurze Zusammenfassung. Schicken Sie Ihren Text innerhalb einer Woche per Mail an die Lehrveranstaltungsleiterin!

Den Hörtext finden Sie im Medienlabor (Ordner *Mandl)* und auch auf der Lernplattform (Achtung: große Datenmenge)!

2. Woche

Verfassen Sie im Diskussionsforum „*Sprache und Diskriminierung*" ein Posting. Nehmen Sie darin kurz Stellung zu einer Frage bzw. einem Aspekt des Hörtextes. Antworten Sie auf mindestens ein Posting einer Kollegin / eines Kollegen. Beachten Sie die Netiquette!

Fragestellungen

- Trägt eine politisch korrekte Sprache zur Veränderung der Gesellschaft bei?
- Ist in der Sprache die schlechte Absicht eines Menschen erkennbar?
- Wo ist Schluss mit dem „Korrekten"?
- Ist unsere Sprache zu männlich?

Abbildung 6: Aufgabenstellung zum Thema „Sprache und Diskriminierung"

Die Studierenden erhielten sowohl ein individuelles Feedback auf ihre Zusammenfassung, als auch im folgenden Präsenzunterricht eine Rückmeldung zum Verlauf der Online-Diskussion, in der die wichtigsten Aspekte zusammengefasst, aber auch Argumentationsfehler oder sprachliche Schwierigkeiten –

selbstverständlich anonymisiert – besprochen wurden. Die Details dieser Rückmeldung konnten auf der Lernplattform nachgelesen werden.

Fazit

So wie die einzelnen Abschnitte eines jeden Unterrichts miteinander verknüpft sind, aufeinander aufbauen und voneinander abhängen, muss auch die Online-Phase als Teil des gesamten Unterrichtsablaufes gesehen werden. Dementsprechend ist sie zu planen und sind Szenarien gefragt, die eine derartige Verbindung ermöglichen.

3.5 Fünftes Prinzip: Klar strukturierte, nachvollziehbare Lernorganisation

Auch wenn die Lernenden selbst bestimmen, wann und wo sie den Online-Teil bearbeiten, muss ein Rahmen vorhanden sein, um den Ablauf zu strukturieren und die Lernenden in ihrer Selbstorganisation zu unterstützen. Außerdem muss das methodisch-didaktische Konzept in seiner Gesamtheit für die Lernenden nachvollziehbar sein:

> Eine Lernumgebung, deren Zielsetzung und Aufbau von den Lernenden nicht verstanden und im Hinblick auf eigene Lernziele nicht eingeordnet werden können, kämpft von Anfang an mit Akzeptanzproblemen und Verweigerung. (Reinmann 2005: 139)

Transparenz der Lernziele auf der einen und Bewusstmachung der Struktur auf der anderen Seite gehören somit zu den wichtigsten Aufgaben, die sowohl von den EntwicklerInnen als auch von den Lehrenden zu erfüllen sind.

Um diesen Anforderungen zu entsprechen, ist der Ablauf der Online-Phase des e-kl@r-Kombikurses folgendermaßen festgelegt. Am Ende jedes Präsenzkurses werden die Aufgabenstellungen im Lernforum für die Online-Phase über den Beamer präsentiert und besprochen. Den Lehrenden steht dazu in einem eigenen Bereich des Lernforums zu jedem Modul eine detaillierte Beschreibung der Aufgabenstellung und der Lernziele zur Verfügung. Anschließend werden die PartnerInnen für die kooperative Aufgabe mit Hilfe einer Aktivität bestimmt. Die Paare erstellen noch in der Präsenzeinheit einen groben Zeitplan, wann sie die Aufgabe erledigen wollen und verteilen die Zuständigkeiten.

Für die individuelle Aufgabe wird ein Termin (ca. eine Woche später) vereinbart, bis zu dem diese per Mail an den/die Kursleiter/in geschickt werden muss. Der genaue Ablauf wird in der ersten Einheit gemeinsam besprochen und findet sich auch am Ende jedes Arbeitsblattes für die individuelle Aufgabe:

- Aufgabenstellung im Forum lesen und Arbeitsblatt herunterladen
- Aufgaben bearbeiten
- bearbeitete Aufgaben per Mail an Lehrer/in schicken
- Lehrer/in schickt bearbeitete Aufgaben mit Kommentar zurück
- Aufgabe korrigieren
- korrigierten Text ins Forum stellen

Die Texte der Lernenden werden allerdings nicht im herkömmlichen Sinne korrigiert, sondern nur mit Hinweisen (Markierung und Kategorie des Fehlers) versehen, um durch die Überarbeitung und Beschäftigung mit den eigenen Schwächen den Lernprozess zu verstärken. Die erste Phase der Textproduktion findet ganz bewusst außerhalb des Lernforums und nur zwischen dem einzelnen Lernenden und dem/der Kursleiter/in statt, da die Erfahrung gezeigt hat, dass die Bereitschaft, nicht überarbeitete Texte in ein für alle anderen KursteilnehmerInnen zugängliches Forum zu stellen, sehr gering ist.

Neben den festen Bestandteilen des Kurses – *individuelle* bzw. *kooperative Aufgabe* – bietet das Lernforum noch weitere Möglichkeiten zur Vertiefung bzw. zum Austausch zwischen den Lernenden. Weiterführende Links zu den im Kurs bearbeiteten Themen sowie zu Grammatikübungen können individuell genutzt werden. In jedem Modul kann außerdem in einer Umfrage zum jeweiligen Thema abgestimmt werden. Die Ergebnisse bieten wiederum Gesprächsanlässe für den Präsenzkurs.

Während der e-kl@r-Kombikurs in diesem Punkt kaum Spielraum für die Lehrenden lässt, da die einzelnen Schritte der Online-Phase sowie die Aufgabenstellung selbst für jede Kursstufe vorgegeben sind, haben die LehrveranstaltungsleiterInnen am Zentrum für Translationswissenschaft in der Gestaltung freie Hand. Das bedeutet aber auch, dass sie für die Struktur verantwortlich sind und es an ihnen liegt, ob die Aufgaben und Lernziele für die Studierenden nachvollziehbar sind. Das bereits dargestellte Konzept des Österreich Instituts enthält zahlreiche Aspekte, die auch auf die Situation an der Universität übertragbar sind. Daraus ergibt sich folgende Struktur:

- Vorbereitung der Online-Phase im Präsenzkurs (Aufgabenstellung, Lernziele)
- Beschreibung der einzelnen Arbeitsschritte der Online-Phase (Arbeitsanweisungen auf Arbeitsblatt bzw. auf der Lernplattform)
- Betreuung der Lernenden während der Online-Phase
- Sicherung der Ergebnisse im Lernforum/auf der Lernplattform bzw. in der folgenden Präsenzphase

Dieser Struktur folgt auch die im vorigen Kapitel beschriebene Online-Diskussion zum Thema „Sprache und Diskriminierung“. Die bereits im Präsenzunterricht thematisierten und hier geforderten Kompetenzen – „Texte zusammenfassen“ und „Argumentieren“ – gehören zu den wichtigsten Lernzielen dieser Lehrveranstaltung und sind für die Studierenden klar erkennbar.

Außerdem sollten auf der jeweiligen Lernplattform zusätzliche Angebote zur Verfügung gestellt werden, damit sich die Studierenden individuell mit den Themen der Lehrveranstaltung beschäftigen können, sei es zur Vertiefung oder um Defizite aufzuholen.

Fazit

Um die Lernenden in der Online-Phase zu unterstützen und zu motivieren, müssen sie sich innerhalb eines vorgegebenen, transparenten Rahmens bewegen, der als Orientierung dient und ihrem Lernen Struktur gibt, ihnen aber gleichzeitig Entscheidungsfreiheit und Raum für individuelles Arbeiten lässt.

3.6 Sechstes Prinzip: Relevante, variantenreiche, internetgerechte Aufgabenstellung

Aufgaben können innerhalb einer Lernumgebung als das „Herz“ bezeichnet werden:

> Aufgaben - so meine These - haben nicht nur die Funktion, Lernende zu Aktivitäten zu ermuntern und Lernerfolge sicher zustellen; vielmehr *lenken* Aufgaben einen Großteil der Lernaktivitäten und sie *bestimmen* die ablaufenden Prozesse innerhalb der Lernumgebung. (Reinmann 2005: 208)

Umso unverständlicher ist, dass zahlreiche Lernangebote im Internet von einer „Variantenarmut der Aufgabenformen“ (Funk 1999: 5) gekennzeichnet und von geschlossenen Übungen (Multiple-Choice, Lücken, falsch/richtig) dominiert sind. Es werden zwar einzelne internetgerechte Aufgaben wie z.B. Recherchen durchgeführt, die aber ohne Einbettung in Szenarien, die an authentische Kommunikationskontexte angenähert sind, weder motivierend noch zielführend sein können. Auch die Fachliteratur im Bereich eLearning bietet nur teilweise Unterstützung, da sich die meisten Publikationen mit Lernen im Sinn von Wissenserwerb und -transfer beschäftigen, deren Folgerungen sich nur bedingt auf den komplexen Prozess des Sprachenlernens übertragen lassen.

Für die Entwicklung von Aufgaben sollte man daher von den allgemeinen Kriterien für lernfördernde und motivierende Aktivitäten im Fremdsprachenunterricht ausgehen. Dazu gehören nach Westhoff (2005: 67) Lernaufgaben,

- die lebensechtes Sprachmaterial benutzen
- die funktional sind, also einem Ziel dienen oder zu einem praktisch brauchbaren Ergebnis führen
- die in der Erlebniswelt der Lernenden ausgeführt werden können
- die das zu lernende Sprachmaterial in vielfältiger Form und Anwendung bearbeiten lassen

Für die Ausarbeitung von mit Präsenzveranstaltungen verknüpften Online-Aufgaben gilt zusätzlich, dass diese internetgerecht sein müssen, also der Einsatz des Mediums einen Mehrwert für den Lernprozess darstellt. Dies erreicht man vor allem durch jene Netzaktivitäten, die erfahrungsgemäß lernfördernd und motivierend in teilvirtuellen Lernszenarien wirken: Recherchieren im Netz, Kommunizieren im Netz und Publizieren im Netz (vgl. Döring 2002: 225).

Das Recherchieren im Netz bildet in jedem Modul des e-kl@r-Kombikurses den Ausgangspunkt für die anschließende Textproduktion, deren Ergebnis wiederum im Lernforum publiziert wird. Kommunikation findet zum einen mit dem/der Lehrer/in statt, zum anderen unter den Lernenden über das Diskussionsforum bzw. beim Lösen der kooperativen Aufgabe. Außerdem ist durch die Einbeziehung der entstandenen Texte in die letzte Kurseinheit auch die Nachhaltigkeit gesichert. Fragestellungen mit einer geschlossenen Antwortstruktur hingegen, die sich in erster Linie für Einführungsphasen oder dazu eignen, um einzelne Lernschritte in Teillernziele zu zerlegen (vgl. Biechele u.a. 2003: 13), werden nur als Einstieg für einzelne Module verwendet.

Als Beispiel in Abb. 7 das Arbeitsblatt zu Modul 3 (Kurs A8), das sich mit dem Thema *Bewerbung* beschäftigt.

Die Themen der einzelnen Module decken ein breites Spektrum ab, ebenso wie die Online-Aufgaben bewusst abwechslungsreich gestaltet sind und sich der Lebenswirklichkeit der Lernenden annähern.

Für die Aufgabenstellung der Online-Aktivitäten in den Lehrveranstaltungen am Zentrum für Translationswissenschaft gelten exakt dieselben Kriterien. Allerdings bezieht sich die Relevanz der Aufgaben verstärkt auf studienrelevante und in weiterer Folge berufsrelevante Aspekte. Dies lässt sich an einem Beispiel der Übung „Übersetzungsrelevante Textkompetenz" (vgl. Abb. 8) zeigen.

Gerade die Zielsetzung des Studiums, ExpertInnen im Bereich der internationalen Kommunikation auszubilden, bietet eine Vielzahl von möglichen Aufgabenstellungen, in denen der Mehrwert durch den Einsatz des Internets außer Frage steht.

Fazit

Damit die Aufgaben zum Herzstück einer internetgestützten Lernumgebung werden können, müssen sie sowohl dem Medium selbst, als auch den Anforderungen des Fremdsprachenunterrichts gerecht werden. Sie sollen die Lernenden zur aktiven Auseinandersetzung mit der Sprache motivieren, ihre Mitteilungsabsicht anregen und abwechslungsreiches Lernen ermöglichen.

Arbeitsblatt Modul 3B

Einfach mal bewerben

Aus privaten Gründen ziehen Sie in ein paar Wochen nach Österreich um und müssen Sie sich nun eine neue Arbeit suchen!

1. Vorbereitung

Bevor man mit der Jobsuche beginnt, sollte man zuerst eine Selbstanalyse durchführen. Bearbeiten Sie den Online-Test, der Ihre Interessen bewertet und für Sie passende Berufe vorschlägt! → Link

Fassen Sie das Ergebnis des Tests kurz zusammen! Ist die Auswertung für Sie passend oder sehr überraschend?

2. Stellenanzeige auswählen

Suchen Sie auf der Seite *Jobpilot* eine passende Stellenanzeige aus! → Link

Kontrollieren Sie, ob die Stellenanzeige alle wichtigen Informationen enthält. Auf dieser Seite finden Sie dazu eine Übersicht: → Link

Bevor Sie sich nun ein Bewerbungsschreiben verfassen, sollten Sie ein wenig recherchieren. Welche Informationen finden Sie im Internet über die Firma bzw. Organisation, bei der Sie sich bewerben wollen?

3. Online-Bewerbung

Immer mehr Firmen verlangen eine Online-Bewerbung. Die Unterlagen wie zum Beispiel der Lebenslauf werden als Attachement mitgeschickt. Direkt ins E-Mail kommt ein Bewerbungsschreiben, das sich nur wenig von einem klassischen Brief unterscheidet. Hier finden Sie ein Muster einer Online-Bewerbung mit zahlreichen Tipps: → Link

Verfassen Sie ein Online-Bewerbungsschreiben für die von Ihnen ausgewählte Stelle nach diesem Muster!

Abbildung 7: Arbeitsblatt „Bewerbung" aus dem e-kl@r-Kurs

Aufgabenstellung

Situation

Von 30. April bis 5. Mai 2007 wird an der Universität Wien eine internationale Konferenz zum Thema „Interkulturelles Wissensmanagement und Fachkommunikation" stattfinden.

In diesem Rahmen veranstaltet die Österreichische Hochschülerschaft gemeinsam mit den Studierenden des Zentrums für Translationswissenschaft eine zweitätige Tagung zum Thema „Dolmetschen im Auftrag der Europäischen Union", zu der Studierende und Lehrende aus allen EU-Staaten eingeladen werden.

Aufgabe

Formulieren Sie für diese Veranstaltung eine Tagungsankündigung (eine A4-Seite)!

Recherchieren Sie dazu im Internet die Konventionen der Textsorte!

Beispiele

→ Links

Abbildung 8: Aufgabenstellung für eine Online-Phase

4 Zum Abschluss

Die Integration von Online-Aktivitäten in den Präsenzunterricht kann auf sehr unterschiedliche Weise in sehr verschiedenen Lernumgebungen mit homogenen wie heterogenen Zielgruppen und mannigfachen technischen Mitteln erfolgen. Die beschriebenen Prinzipien lassen sich aber auf alle Kontexte übertragen und bieten eine erste Hilfestellung für den Einstieg in den internetgestützten Fremdsprachenunterricht. In Zukunft gilt es diese Prinzipien zu ergänzen, vor allem in Bezug auf die Prozessebene, die den gesamten Bereich der Kommunikation umfasst, da diese hier nur in Ansätzen miteinbezogen werden konnte.

Abschließend möchte ich noch einmal die zentrale Rolle der Lehrenden vor allem im universitären Kontext betonen. Denn angesichts ständiger Einsparungsmaßnahmen und gleichzeitigem Anstieg der Studierendenzahlen sehen die Aussichten alles andere als rosig aus:

> Nur eine privilegierte Gruppe von Lerninteressierten wird sich didaktisch innovative, aufwändig gestaltete und persönlich betreute Lernszenarien leisten können, in denen dann mit Sicherheit auch Präsenzphasen einen festen Platz haben werden. Die Masse wird mit Web-Konserven lernen, [...] (Döring 2002: 262)

Gezielte Schulungen, bessere Vernetzung der Lehrenden untereinander und die verstärkte Einbeziehung von DidaktikerInnen in technische Entscheidungen können aber dieser traurigen Prophezeiung entgegenwirken.

Bibliographie

Biechele, Markus / Rösler, Dietmar / Ulrich, Stefan / Würffel, Nicola 2003: Internet-Aufgaben Deutsch als Fremdsprache. Stuttgart: Klett.

Döring, Nicola 2002: Online-Lernen. In: Ludwig J., Issing / Klimsa, Paul (Hrsg.) 2002: Information und Lernen mit Multimedia und Internet. Lehrbuch für Studium und Praxis. 3., vollst. überarb. Aufl. Weinheim: Beltz, 247-264.

Funk, Hermann 1999: Lehrwerke und andere neue Medien. Zur Integration rechnergestützter Verfahren in den Unterrichtsalltag. In: Fremdsprache Deutsch 21 (1999), 5-12.

Marx, Nicole / Langner, Michael 2005: Die neuen Medien im Fremdsprachenunterricht. In: Zeitschrift für interkulturellen Fremdsprachenunterricht 10/1 (2005). http://www.spz.tu-darmstadt.de/projekt_ejournal/jg-10-1/docs/MarxundLangner2005.pdf, Zugriff: 07.09.2006.

Neuner, Gerhard 1997: Die Lernenden im Blickpunkt. In: Trends 2000. Fremdsprache Deutsch. Sondernummer II (1997), 38-48.

Niegemann, Helmut / Hessel, Silvia / Hochscheid-Mauel, Dirk / Aslanski, Kristina / Deimann, Markus / Kreuzberger, Gunther 2004: Kompendium E-Learning. Berlin: Springer.

Österreich Institut 2001a: e-kl@r: Kombikurs. Das Blended-LearningAngebot der Österreich Institute. http://www.oesterreichportal.at/e-klar/demo, Zugriff: 21.03.2007.

Österreich Institut 2001b: Österreich Portal. Plattform für den Deutschunterricht. http://www.oesterreichportal.at/, Zugriff: 21.03.2007.

Reinmann, Gabi 2003: Didaktische Innovation durch Blended Learning. Bern u.a.: Huber.

Reinmann, Gabi 2005: Blended Learning in der Lehrerbildung. Grundlagen für die Konzeption innovativer Lernumgebungen. Lengerich: Pabst Science Publishers.

Roche, Jörg 2005: Worum geht's bei den neuen Medien im Spracherwerb wirklich? - Klartext zu einem fehlbewerteten Thema jenseits von notorischer Skepsis und naiver Euphorie. In: Theorie und Praxis 9 (2005), 131-141.

Universität Wien 2006: Zentraler Informatikdienst. eLearning – WebCT Vista. http://www.univie.ac.at/ZID/elearning-webct/, Zugriff 22.03.2007.

Universität Wien 2007a: Personalentwicklung der Universität Wien. http://www.univie.ac.at/personalentwicklung/, Zugriff 22.03.2007.

Universität Wien, 2007b: Zentraler Informatikdienst. eLearning – Schulungen. http://data.univie.ac.at/elearning-schulungen/#lehrende, Zugriff 22.03.2007.

WebCT, Inc. 2005: WebCT Brochure (German). https://www.webct.com/service/ViewContent?contentID=28540187, Zugriff 22.03.2007.

Westhoff, Gerard 2005: Die Multi-Merkmal-Hypothese. Charakteristiken effektiver Sprachlernaufgaben. In: Theorie und Praxis. Österreichische Beiträge zu Deutsch als Fremdsprache 9 (2005), 59-72.

Mag. Eva Mandl
Zentrum für Translationswissenschaft
Universität Wien
Gymnasiumstraße 50
1190 Wien
e-mail: eva.mandl@univie.ac.at

Christian Ollivier

Der Einfluss von Anonymität in didaktischen Chats

1 Didaktische Chats: Ist-Stand der Forschung und offene Fragestellungen

Der didaktische Einsatz von Computer-vermittelter Kommunikation und insbesondere von Chats sowie deren Auswirkung auf die mündliche Kommunikationsfähigkeit der Sprachlernenden ist in den letzten Jahren ausführlich debattiert, untersucht und analysiert worden. Um den Kontext des diesem Beitrag zugrunde liegenden Experiments besser zu verstehen, wollen wir einen kurzen Überblick über die wichtigsten Studien in diesem Bereich skizzieren und somit verdeutlichen, wie unsere Arbeit auf früheren Forschungsergebnissen basiert und diese ergänzt.

1.1 Didaktische Chats: Überblick über die wichtigsten Forschungsergebnisse

Die meisten Forscher, die sich mit didaktischen Chats auseinandergesetzt haben und fundierte Experimente durchgeführt haben (u.a. Beauvois 1998, Blake 2000, Chun 1994, Kern 1995, Tudini 2003, Warschauer 1996), kommen zu folgenden Hauptergebnissen: In Chats finden eindeutig mehr Interaktionen zwischen den Lernenden als im Face-to-Face-Unterricht statt (Kern 1995, Warschauer 1996, Tudini 2003). Der Chat trägt nämlich wesentlich dazu bei, dass der/die Lehrende viel weniger im Mittelpunkt der Interaktionen steht, dass die Lernenden den Verlauf der Diskussionen eigenständiger mitgestalten können und schließlich, dass die Studierenden mehr miteinander und weniger mit dem/der Lehrenden sprechen (Chun 1994, Kern 1995). Insgesamt fördern Chats die Interaktionskompetenz der Lernenden, und zwar nicht nur im Chat selbst, sondern auch im mündlichen Bereich, denn auf Grund seiner einzigartigen Natur zwischen Mündlichem und Schriftlichem scheint der Chat ein ideales Medium darzustellen, um den Transfer zwischen diesen beiden Bereichen zu fördern: Chat „can serve as an important bridge for transfer of communication skills from the written to the spoken domain" (Warschauer 1996, siehe auch Chun 1994).

Ob die Nutzung des Chats eine spürbare Verbesserung der produzierten Sprache herbeiführt, ist auf Grund der aktuellen Forschungsergebnisse schwierig zu entscheiden: Kern 1995 kommt zu dem Schluss, dass in didaktischen Chats die Sätze kürzer und weniger komplex als in der üblichen Kommunikation sind, während Warschauer 1996 und Tudini 2003 u.a. zu konträren Ergebnissen gelangen und behaupten, dass synchrone computervermittelte Kommunikation mit größerer syntaktischer Komplexität und höherer lexikalischer Qualität einhergeht. In einer Studie über Deutsch-Lernende zeigt Abrams 2003 einerseits die positiven Auswirkungen der Chats auf das Sprachenlernen, relativiert aber andererseits die manchmal hoch gepriesene Überlegenheit dieses Werkzeugs gegenüber *face-to-face*-Kommunikation und kommt zu dem Schluss, dass es, was die *performance* betrifft, keinen Unterscheid gibt zwischen Studierenden, die nur an Präsenzdiskussionen teilnahmen, und jenen, die längere Zeit die Interaktionskompetenz nur mit Chats trainiert hatten.

1.2 Hemmung und Enthemmung beim Sprachenlernen

Wir wollen und können hier die Frage der Überlegenheit oder Nichtüberlegenheit des Chats gegenüber traditionellen Interaktionsmöglichkeiten nicht entscheiden. Wichtig ist für uns, dass alle Forscher sich in einem Punkt einig sind: Didaktische Chats fördern die Entwicklung der Interaktionskompetenz. Alle konnten auch feststellen, dass mehr Beiträge von den einzelnen TeilnehmerInnen geleistet werden und dass diese besser verteilt sind als im traditionellen Unterricht (u.a. Warschauer 1996). Sprich: Auch schüchternere Lernende, die sich sonst weniger melden, nehmen im Chat an der Diskussion teil und ergreifen so eine Möglichkeit, die gelernte Sprache aktiv mit anderen zu verwenden. Hudson und Bruckman 2002 haben versucht, dieses Phänomen genauer zu analysieren und erklären es mit der vom Chat hervorgerufenen *Desinhibition*.

> Students who refuse to speak the foreign language in classroom situations reverse this pattern and speak significant amounts in similar situations in the online environment. We suggest that it is because the online environment reduces the level of inhibition that the students face. When inhibitions are lowered, students are more willing to engage the discussion as if it is truly a foreign language discussion (Hudson & Bruckman 2002: 8).

Die zwei Wissenschaftler versuchen der Frage nachzugehen, warum Studierende, die sich kennen und denselben Kurs besuchen, sich freier und weniger unter „peer pressure" gesetzt fühlen, wenn sie chatten als wenn sie im Präsenzunterricht miteinander diskutieren. Hudson und Bruckman stützen sich dabei implizit auf soziologische Theorien, die wir ebenfalls als Basis für unser Forschungsvorhaben verwendet haben, und auf die wir weiter unten zurückkommen werden. Ausgehend von der „language ego permeability hypothesis" gehen Hudson und

Bruckman davon aus, dass Menschen je nach Situation verschiedene Seiten ihrer Persönlichkeit kontrolliert nach außen projizieren, abhängig davon, wie sie wünschen, dass der Kommunikationspartner die Situation wahrnehmen soll. Wenn man eine Sprache lernt, muss das Subjekt auf Grund seiner mangelhaften Sprachkompetenz zum Teil auf Kontrollfaktoren dieser Selbstpräsentation verzichten. Und das kann zu erheblichen Sprachhemmungen führen.

> The language ego permeability hypothesis [...] starts from the understanding that humans project to others different aspects of themselves depending on how the individual wishes those others to perceive the interaction. Many individuals are quite adept at projecting the "appropriate" image of themselves in any situation. [...] Learning a foreign language as an adult requires that the individual give up this control of presentation that comes from language use. Since individuals do not have the same control over the foreign language as over their native languages, they become inhibited about using the new language (Hudson&Bruckman 2002:2).

Dadurch bringen sich diese Lernenden um die notwendige Übung und die positiven Lernaspekte von Fehlern. Die Autoren stellen fest, dass Chats wesentlich Enthemmung bewirken, und führen zwei Argumente als Erklärung an: das „media-richness argument“ und das „immediacy argument“.

Auch wenn dies zum Teil durch den Einsatz von so genannten *emoticons* wettgemacht werden kann, fehlen in Chats mehrere Dimensionen der üblichen Kommunikation: Gestik, Mimik, Stimme, Intonation... Diese Medienarmut führt den AutorInnen zufolge dazu, dass die Lernenden sich weniger durch soziale Standardverhaltensweisen beeinflussen lassen und enthemmter mit der Sprache umgehen können (vgl. Hudson & Bruckman 2002: 8).

Das „immediacy argument“ besteht darin, dass im Chat das Turn-taking andere Regeln kennt, so dass der Student nie zu einem gewissen Zeitpunkt reden muss – wie im Präsenzunterricht, wenn er einmal „dran kommt“. Dafür kann er einen Beitrag senden, wann immer er will, und kann länger über die Formulierung nachdenken. Ein Student, der von den ForscherInnen zitiert wird, unterstreicht das Positive daran, dass man nicht im Mittelpunkt steht und angestarrt wird, wenn man spricht: „people are not staring at you when you're speaking. You're not put on the spot, basically.“ Außerdem meinen Hudson und Bruckman, dass die Verzögerung zwischen dem Schreiben des Beitrags und dem Lesen desselben durch die anderen Chat-TeilnehmerInnen zu mehr Risikobereitschaft animiert.

> The immediacy argument holds that the delay between message composition and message receipt allows students to feel more comfortable taking risks. In face-to-face conversations, individuals have clearly designated turns at which they must speak. These turns come from a complex intermingling of factors such as gesture, expression, and eye contact. In online environments, however, many of those guiding mechanisms disappear, making the traditional notion of turns relatively meaningless (Hudson & Bruckman 2002: 8).

1.3 Die vorliegende Forschungsfrage

Wenn Chats allein durch ihre Beschaffenheit Enthemmung hervorrufen können, die zu mehr Beiträgen der Studierenden führt, dann stellte sich für uns die Frage, ob Anonymität – Chats erlauben das Diskutieren unter Pseudonymen – ein noch größeres Freiheitsgefühl herbeiführen und eine positive Auswirkung auf die Produktion der Lernenden haben könnte. Bis dato konnten wir zu dieser Frage im didaktischen Kontext keine eindeutige Studie finden. Dafür ist die Auswirkung von Anonymität aus soziologischer Sicht sehr ausführlich untersucht und diskutiert worden. Diese Theorien und Forschungsarbeiten haben eine wichtige Grundlage für das Aufstellen unserer Hypothesen geliefert.

2 Soziologische Betrachtungen und Hypothesen

2.1 Der soziologische Hintergrund

Die Werke von Erving Goffman, unter anderem beide Bände von *La mise en scène de la vie quotidienne* 1973, *Les rites d'interaction* 1974 sowie *Les cadres de l'expérience* 1991[13] bleiben der wichtigste Ausgangspunkt der meisten in den letzten Jahren durchgeführten Studien und Experimente in dem Bereich Computer vermittelter Kommunikation (siehe u.a. Draelants 2001, Hudson & Bruckman 2002, Hudson 2006, Pastinelli 2002).

In seinen ersten Werken benutzt Goffman das Bild des Theaters und sieht das Selbst als das Resultat der Interpretation verschiedener Rollen, wobei er hauptsächlich zwischen Rollen in der Öffentlichkeit und im privaten, besser geschützten Bereich unterscheidet. Grundsätzlich interessiert sich der Soziologe für die Mechanismen, die das Individuum einsetzt, um sich zu präsentieren und die Wahrnehmung seiner Person und der Interaktion durch die anderen zu steuern. Präsentation seiner selbst und Kontrolle der Wahrnehmung der Situation durch die anderen bilden die zwei Pole menschlicher Interaktion, die immer stark von der jeweiligen Situation abhängt.

> La perspective adoptée ici est celle de la représentation théâtrale [...]. J'examinerai de quelle façon une personne, dans les situations les plus banales, se présente elle-même et présente son activité aux autres, par quels moyens elle oriente et gouverne

---

[13] Als Romanist beziehe ich mich auf die uns zugängliche französische Ausgabe. Die Originaltitel lauten: *The Presentation of Self in Everyday Life* (monograph), University of Edinburgh Social Sciences Research Centre, 1956, revised and expanded edition, Anchor Books, 1959, *Interaction Ritual: Essays on Face-to-Face Behaviour*, Doubleday, 1967, *Frame Analysis: Essays on the Organization of Experience*, Harper, 1974.

> l'impression qu'elle produit sur eux, et quelles sortes de choses elle peut ou ne peut pas se permettre au cours de sa représentation (Goffman 1973: 9).

Das notwendigerweise multiple Selbst sieht Goffman als das Produkt der Sichtweisen und Interpretationen der anderen. Das Individuum versucht, sich so zu präsentieren, wie es für die „Zuschauer" in der jeweiligen, mit Regeln und Konventionen behafteten sozialen Situation angemessen erscheint. Es geht ihm darum, das soziale Gesicht ('face') zu wahren, aber auch dieses in Einklang mit seinem Selbstbild zu bringen. Anders gesagt, das Subjekt ist bemüht, ein Gleichgewicht und Übereinstimmen zwischen Präsentation und Repräsentation des Ichs zu wahren. Nachdem die Individuen die Situation nicht jedes Mal neu erfinden können, sind sie gewissen sozialen Zwängen unterworfen: Wenn sie bereits bekannte Personen treffen, müssen sie nicht nur der Situation sondern auch dem bei den anderen bereits vorhandenen Bild ihrer Person entsprechend handeln, denn das „Publikum" urteilt ständig über Authentizität des Ichs, die von A. Ogien als Adäquatheit seiner jeweiligen Handlungsweise begriffen wird:

> L'authenticité ne se présente pas ici comme cette qualité immanente à un self garantissant l'unité de l'individu. Elle est plutôt conçue comme une propriété conférée à l'individu par une audience qui juge, dans l'actualité de la situation, de la conformité de ses conduites aux exigences du registre de pertinence dans lequel l'action s'inscrit (Ogien 1989: 108).

2.2 Anonymität in (nicht didaktischen) Chats aus soziologischer Sicht

Im anonymen Chat fallen die soeben erwähnten sozialen Zwänge (fast) zur Gänze weg. Das Individuum muss nicht mehr das Gesicht wahren. Die Chatter brauchen sie sich keine Gedanken über das Bild zu machen, das sie von sich geben, vorausgesetzt, sie erwägen nicht die Möglichkeit eines Treffens in der nicht virtuellen Welt[14], beziehungsweise können sie bei jedem Chat unter einem anderen Nickname eine neue *representation* starten. Das Individuum verfügt dabei über die ersehnte (fast) absolute Kontrolle[15], denn es kann entscheiden, welche Information es von sich gibt, ohne z.B. über die Stimme, die Kleidung oder die Gestik etwas anderes zu verraten. Die Chatter können so bei ihren

---

[14] Pastinelli geht auf das Problem ein, das Chatter kennen, die im Chat gewisse in der nicht virtuellen Welt nicht ausgelebten Aspekte ihrer Persönlichkeit in den Vordergrund bringen, und die ihre Chatpartner später treffen. Dies ist jedoch nicht Gegenstand dieses Textes.

[15] Nur die sprachliche und technische Kompetenz der Chatter, sprich die Art und Weise, wie sie mit der Sprache und dem Chat-Programm umgehen, kann unkontrolliert etwas über sie verraten. Der sprachliche Aspekt, der im alltäglichen Chat, wo die Chatter eine eigene Sprache entwickelt haben, eine geringe Rolle spielt, ist bei Sprachlernenden sicher nicht unwichtig, wie wir später analysieren werden.

Interaktionspartnern ein neues selbst bestimmtes Bild von sich hervorrufen. In ihrer sehr fundierten soziologischen Analyse der Chatpraxis zeigt Pastinelli 2002, wie dadurch eine Welt entstehen kann, die von jenen Interaktionsregeln befreit ist, die Goffman analysiert hat:

> Un monde où l'image et l'identité de chacun seraient parfaitement indéterminées et où, conséquemment, plus personne n'aurait à sauver la face. Il en résulterait un monde dans lequel plus aucune des règles d'interaction mises au jour par Goffman ne baliserait les rencontres humaines. Dans IRC[16], les règles d'interaction ne sont bien sûr pas absentes, mais elles sont tout de même radicalement différentes de celles qu'on observe généralement dans les autres contextes de sociabilité. Plus encore, la « cybersociabilité » est à ce point différente de la sociabilité in situ, qu'elle conduit les ircéens à rien de moins qu'à se découvrir une nouvelle identité (Pastinelli 2002: 236).

Und weiter:

> Le fait qu'il n'y ait ni coprésence ni image de soi a priori dans l'interaction présente un avantage considérable: aucune information sur soi ne risque d'échapper à l'ircéen. Il a le plein contrôle de la situation dans ses efforts visant à produire une image de lui-même (Pastinelli 2002: 243).

Draelants 2001 unterstreicht ebenfalls die Tatsache, dass Chats oft als *Bühne*[17] wahrgenommen werden, auf der ohne direkte Konsequenz gewisse Verhaltensweisen ausprobiert werden können.

> Le chat apparaît pour ces acteurs, quasi exclusivement adolescents, comme une scène, sur laquelle il est possible de tester certains comportements risqués, sans que ces activités soient couplées des conséquences habituelles qu'elles ne manqueraient pas d'entraîner en dehors du cyberespace. (Par exemple une riposte musclée face à des insultes ou une gifle en retour d'un comportement de drague intempestif...) (Draelants 2001)

Man könnte meinen, dass Anonymität zu unsozialen straffreien Handlungen, Unehrlichkeit und Lüge führe, das sei aber, behaupten sowohl Pastinelli als auch Draelants, nicht die Regel. Denn warum sollte man etwas vortäuschen, wenn man keinen gesellschaftlichen Zwang mehr einhalten muss?

> Comment, en effet, pourrait-on ne pas être soi-même là où les statuts et les rôles sociaux n'existent plus? Dans une rhétorique qui conçoit l'identité comme essentialisée, constante et homogène, ne devrait-on pas être « vraiment soi-même » là où plus rien ne nous contraint à faire semblant ou à jouer un rôle? Les ircéens semblent le croire et nombreux sont ceux qui soutiennent que la cybersociabilité constitue une sorte d'oasis identitaire dans lequel le vrai soi a enfin toute la place qu'il mérite (Pastinelli 2002: 248).

---

[16] *Internet Relay Chat.* Pastinelli nennt die Chatter auch *ircéens.*

[17] Der Bezug auf Gofmanns Theorien und Terminologie ist dadurch eindeutig gegeben.

Anonymität ermöglicht es also, neue – vielleicht sogar echtere – Aspekte seiner Persönlichkeit zu entdecken und auszuleben, und übt eine stark enthemmende Wirkung aus, die sogar zu einer größeren Intimität als Face-to-face-Kommunikation führen kann (Pastinelli 2002:242).

2.3 Anonymität in didaktischen Chats: die Hypothesen unseres Experiments

Wenn einerseits normale Chats bei Sprachlernenden bereits eine erhebliche Enthemmung herbeirufen und andererseits anonyme Chats im alltäglichen Gebrauch aus den oben dargelegten soziologischen Gründen zu noch mehr Enthemmung und Freiheitsgefühl – verbunden mit persönlichem Ausdruck – führen, liegt es nahe, zu untersuchen, ob Anonymität für den Sprachunterricht auch nutzbar gemacht werden kann.

Die Hypothesen, die wir aufstellten, waren folgende:

1) Anonymität führt zu einer größeren Enthemmung und einem größeren Freiheitsgefühl seitens der Lernenden.
2) Anonymität führt zu mehr Ehrlichkeit und mehr persönlichem Ausdruck.
3) Anonymität baut die Angst vor Fehlern ab.

3 Das Experiment

3.1 Der praktische Rahmen

Das Experiment wurde zum Großteil im Rahmen des DidacTIClang-Projektes durchgeführt, eines vom Sprachenzentrum der Universität Salzburg koordinierten Comenius 2.1-Projekts[18], dessen Ziel es ist, ein EU-weites Fortbildungsprogramm für Sprachlehrende zum Thema Internetdidaktik zu entwickeln und umzusetzen.

Das Experiment wurde von meiner Person koordiniert, an der Konzeption und Durchführung waren ebenfalls Mag. Klara Krautgartner, Mag. Gerda Weiss, Dr. Margareta Strasser sowie Frau Nathalie Pelé als Lehrerin der Testpersonen maßgeblich beteiligt.

---

[18] Mehr Information über das Projekt: DidacTIClang (o.J.)

3.2 Die Testpersonen

Am Experiment haben 23 Französisch-Studierende des Fachbereichs Romanistik der Universität Salzburg teilgenommen. Alle besuchten den Intensivkurs 2 des romanistischen Curriculums und verfügten dementsprechend im Schnitt über das Niveau B1+ laut europäischem Referenzrahmen. Das Niveau garantierte, dass die Testpersonen über eine sprachliche Kompetenz verfügten, die ihnen die Teilnahme an den Chats ohne besondere Schwierigkeit ermöglichte. Auf diesem Niveau können Sprachlernende „in einem Interview[...]gespräch konkrete Auskünfte geben [...], Stellung nehmen und Informationsfragen [...] beantworten" (Europarat 2001: Kapitel 3.6). Die Testpersonen hatten außerdem noch keine Erfahrung mit didaktischen Chats im Fremdsprachenunterricht. Die Gruppe wurde nach dem Alphabet in zwei Gruppen unterteilt, die zwei Themen abwechselnd in einem nicht anonymen und anonymen Chat diskutierten.

3.3 Der technische Rahmen

Da das von der Lernplattform der Universität zur Verfügung gestellte Chat-Programm nur das Teilnehmen von namentlich registrierten Usern erlaubt, wurde zum Zweck des Experiments auf dem Webserver des Salzburger Sprachenzentrums eine *opensource* Chat-Software (phpMyChat[19]) installiert, die das Chatten unter einem Pseudonym ermöglicht.

3.4 Durchführung des Experiments

Vier ca. 12 Minuten lange Chats wurden in einer Doppelstunde (90 Minuten) nach folgendem Muster hintereinander durchgeführt:

Gruppe A diskutierte in einem nicht anonymen Chat Thema A: „Seriez-vous prêt à partir un an avec un programme Erasmus?", wobei die Lehrerin die Aufgabe hatte, das persönliche Problem der Eifersucht bzw. der Treue anzusprechen. Gruppe B befasste sich anschließend, ebenfalls nicht anonym, mit der Frage: „Que signifie pour vous réussir dans la vie et être heureux?" Die Lehrerin musste im Laufe der Diskussion die Studierenden fragen, ob sie jetzt glücklich sind.

Im Anschluss bekam Gruppe B das Thema A im anonymen Chat und abschließend die Gruppe A das Thema B ebenfalls anonym. Beide Themen hatten einen

[19] Die Freeware kann von der *open source*-Plattform SourceForge heruntergeladen werden (SourceForge.net 2007). Sie kann auf jedem Schul- oder Universitätsserver installiert werden.

persönlichen Charakter. Das kreuzweise Verfahren ermöglichte uns den Einfluss des Themas zu relativieren.

Damit die Wahl der Pseudonyme nicht unbewusst etwas über die Testpersonen aussagt, haben wir beschlossen, an die Studierenden Zettel mit Städtenamen zu verteilen, die sie als *nicknames* verwenden mussten. Um die Anonymität ebenfalls besser zu wahren, saßen die Testpersonen weit genug auseinander, so dass sie schwer auf den Bildschirm der NachbarInnen schauen konnten.

Außerdem hatten einige Studierende der jeweils anderen (unbeschäftigten) Gruppe Aufgaben am Computer zu erledigen, die ein ständiges Tippen erforderten, so dass man den Beitrag einer bestimmten Person nicht am vorangegangenen Tipplärm erkennen konnte. Beide Maßnahmen erwiesen sich als eher überflüssig, da durch die Häufigkeit und teilweise Gleichzeitigkeit der Beiträge ohne zusätzliche Maßnahme ein ständiges Tippen zu hören gewesen wäre und die Studierenden sich auf ihre Bildschirme konzentrierten, um die Diskussionen zu verfolgen.

3.5 Fragebogen

Nach den zwei Chats haben wir die Studierenden gebeten, einen Fragebogen auszufüllen. Gestellt wurden Fragen zum Vergleich der beiden Chats, spezielle Fragen zum anonymen Chat sowie Fragen, die für beide Chats gleich waren. Offene Fragen ergänzten die geschlossenen, um genauere Angaben zu erhalten und diese mit den Antworten zu den geschlossenen Fragen zu vergleichen. Die Fragen, die zu beiden Chats gestellt wurden, waren:

- Haben Sie sich im Chat wahrheitsgemäß geäußert?
- Haben Sie alles, was Ihnen zum Thema eingefallen ist, geäußert? Wenn nicht, warum nicht?
- Haben Sie einen Beitrag getippt bzw. angefangen zu tippen, aber nicht abgeschickt? Wenn ja, warum?

Die zweite und dritte Frage war als Ergänzung zur Frage 1 gedacht. Wir wollten nicht nur den Wahrheitsgehalt abfragen und wissen, ob Anonymität zur Übernahme von anderen Rollen führte, sondern auch eruieren, ob die Kontrolle über das Gesagte – und somit die Kontrolle über das eigene Bild – in einer von beiden Chatarten größer war.

Diese Fragen dienten aber auch als Kontrollfragen für die Fragen zum Vergleich zwischen den zwei Chatarten:

- Wo war Ihre Angst vor Fehlern geringer?
- Wo haben Sie sich freier gefühlt?
- Wo waren Sie eher geneigt, der Meinung der Gruppe zuzustimmen?

Als mögliche Antworten für die zweite und dritte Frage waren nämlich angegeben:

- Weil ich Fehler vermeiden wollte
- Weil ich Probleme bei der Formulierung hatte
- Weil ich diese Meinung nicht öffentlich vertreten wollte
- Weil die Diskussion zu schnell war
- Weil mein Beitrag nicht mehr zum Stand der Diskussion gepasst hätte
- Sonstiges

So wollten wir unter anderem feststellen, in welcher Situation die „Angst" vor Fehlern einen konkreten Einfluss auf die Beteiligung (bzw. Nichtbeteiligung) an der Diskussion hatte.

Im Teil zum anonymen Chat fragten wir außerdem die Studierenden, ob sie sich beim Chatten gefragt hatten, ob sie erkannt werden können, wer die anderen sein könnten und ob sie in einem nicht anonymen Chat die gleiche Meinung auf die gleiche Weise vertreten hätten. Die letzte Fragestellung ergänzte die Frage zum Wahrheitsgehalt der Diskussionsbeiträge, mit ersteren wollten wir feststellen, in wie weit sich die Studierenden anonym gefühlt haben.

4 Darstellung der Ergebnisse

Auf Grund der doch relativ kleinen Testgruppe (23 Studierende) hat dieses Experiment einen rein explorativen Charakter und die hier vorgelegten Ergebnisse können nur als erste Antwortversuche betrachtet werden. Trotzdem liefern sie interessante Daten und bestätigen einige Ergebnisse früherer Experimente: Es kamen sehr viele Beiträge[20] (ca. 120 Beiträge pro Chat) und alle Studierende haben bei beiden Chatarten mindestens zwei und im Schnitt zehn Beiträge beigesteuert. Wir konnten auch feststellen, dass viele Interaktionen zwischen den Studierenden stattgefunden haben, in Form von Nachfragen oder direkten Fragen an KommilitonInnen, und dass die Lernenden viel mehr Initiativen in der Führung

[20] Da es nicht Gegenstand dieses Experiments war, die Qualität der Beiträge zu analysieren, haben wir nur interessenhalber die Anzahl der abgeschickten Beiträge zusammengezählt, ohne deren Länge und Qualität zu berücksichtigen.

der Diskussion gezeigt haben: Einmal wurde sogar die Lehrerin mit einer direkten persönlichen Frage angesprochen: „eST CE QUE VOUS ETEES HEUREUSE; CHERE PROFESSEUR“[sic].

Was unsere Fragestellungen anbelangt, wurden unsere Hypothesen nur zum Teil bestätigt.

4.1 Bedeutet Anonymität mehr Freiheit und *disinhibition*?

Insgesamt zehn Testpersonen[21] geben an, sie hätten sich im anonymen Chat freier gefühlt. Genau halb so viele empfanden keinen Unterschied und 5 weitere Studierende behaupteten, sich im nicht anonymen Chat freier gefühlt zu haben. Dies könnte darauf hindeuten, dass Anonymität für bestimmte Beteiligte auch eine mögliche Angst bedeutet. Da uns konkrete Daten dazu fehlen, können wir nur eine Hypothese aufstellen. Anonymität könnte auch Angst vor Manipulation bedeuten: Man könnte im anonymen Chat den Eindruck haben, dass man von einigen Mitlernenden dazu gebracht wird, auf Fragen bzw. Äußerungen zu reagieren, die nur auf Grund der Anonymität getätigt werden. Die fünf Testpersonen haben sich auf jeden Fall alle gefragt, wer die anderen waren, und/oder ob sie erkannt werden könnten.

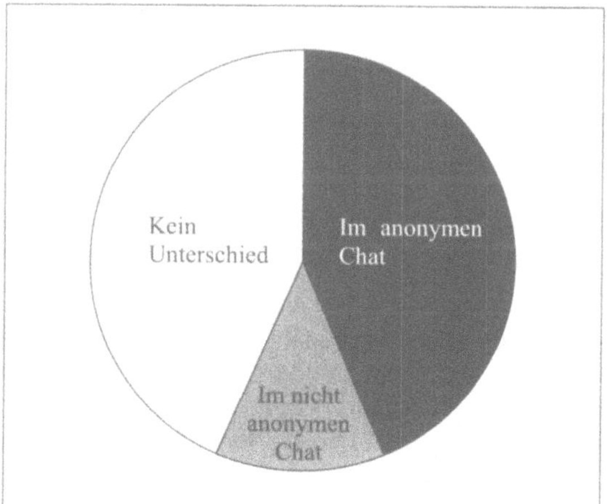

Abbildung 1: Wo haben Sie sich freier gefühlt?

[21] Auf Grund der geringen Testpersonenzahl ist eine statistische Analyse der Ergebnisse unmöglich, wir geben daher nur die Anzahl der Antworten an.

4.2 Führt Anonymität zu mehr Ehrlichkeit und mehr persönlichem Ausdruck?

Bei der Frage, ob sie alles geäußert haben, was ihnen eingefallen ist, ist ein leichter Vorteil für den anonymen Chat zu vermerken: Acht (vs. sechs) Personen behaupteten, sie hätten in der anonymen Diskussion alles geäußert, was ihnen eingefallen sei.

Die Frage, ob sie sich wahrheitsgemäß an der Diskussion beteiligt haben, beantworten in beiden Fällen die meisten Studierenden positiv und ohne signifikante Abweichung: 18 bzw. 17 Nennungen für immer, sechs bzw. fünf Nennungen für teilweise, keine Nennung für nie.

Allerdings weichen die Antworten ab, wenn es darum geht, ob die Testpersonen ihre Meinung auf die gleiche Weise vertreten hätten: 18 sagen ja, fünf allerdings behaupten, sie hätten sie auf andere Weise vertreten.

Auf die Frage, wo sie eher geneigt wären, der Meinung der Gruppe zuzustimmen, behaupten 16 Lernende, sie sähen keinen Unterschied zwischen den beiden Chatarten, während sechs meinen, im nicht anonymen Chat wäre es eher der Fall. Diese Antworten überraschen nicht; dass eine Person 'beim anonymen Chat' ankreuzte, ist schwer zu erklären, zumal diese Person sonst angab, sie hätte sich im anonymen Chat freier gefühlt, hätte in dieser Situation weniger Angst vor Fehlern gehabt und hätte anonym „sehr persönliche Informationen" gegeben, die sie sonst nicht mitgeteilt hätte.

4.3 Trägt Anonymität dazu bei, die Angst vor Fehlern abzubauen?

Auf die direkte Frage nach der Angst vor Fehlern bestätigen zehn Lernende, dass sie beim anonymen Chat geringer war. Genau so viele sehen keinen Unterschied und nur drei hatten im nicht anonymen Chat weniger Angst vor Fehlern.

Aufschlussreich und bestätigend ist der Vergleich mit der Kontrollfrage: „Wenn Sie nicht alles geäußert haben, was Ihnen eingefallen ist, warum?" Beim nicht anonymen Chat sagen fünf (vs. zwei) Befragte, sie hätten nicht alles geäußert, um Fehler zu vermeiden, sechs sehen den Grund dafür in Formulierungsschwierigkeiten (vs. vier im anonymen Fall). Dafür spielen die Faktoren Schnelligkeit der Diskussion und Inadäquatheit zum Stand der Diskussion in beiden Fällen eine ziemlich gleiche und sehr wichtige Rolle (19 – anonym – bzw. 17 Nennungen).

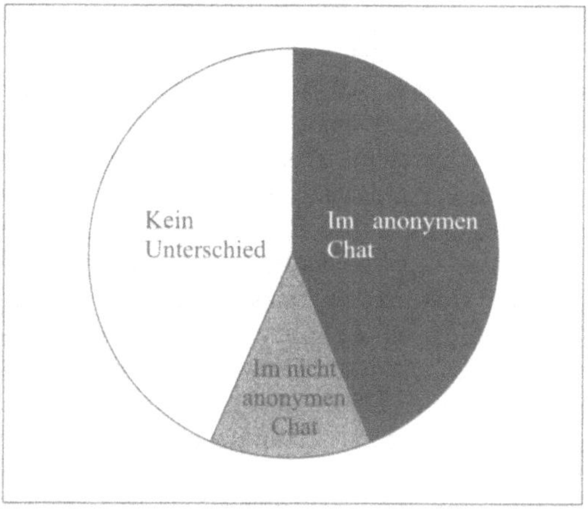

Abbildung 2: Wo war Ihre Angst vor Fehlern geringer?

Was das Löschen eines (angefangenen) Beitrags, der nicht abgeschickt wird, anbelangt, sind die Gründe in beiden Chatarten weder in der Angst vor Fehlern (keine Nennungen in beiden Fällen) noch in Formulierungsschwierigkeiten (jeweils zwei Nennungen) zu suchen. Ebenfalls gab keine einzige Testperson an, dass sie einen Beitrag nicht abgeschickt hätte, weil sie diese Meinung doch nicht vertreten wollte. Die Gründe liegen vielmehr in der Schnelligkeit der Diskussion bzw. in der Tatsache, dass Beiträge nicht mehr zum Stand der Diskussion gepasst hätten.

5 Analyse der Ergebnisse

Dass Anonymität die enthemmende Wirkung des Chats verstärkt, lässt sich aus den Experimentsergebnissen klar herauslesen. Die oben erwähnten soziologischen Theorien von Goffman und die darauf basierenden Studien über Chats erklären das zur Genüge, so dass wir hier nicht mehr darauf zurückkommen müssen.

Allerdings stellt sich die verstärkende enthemmende Wirkung gegenüber dem nicht anonymen Chatten nicht bei allen Lernenden ein; schließlich geben „nur" 13 an, dass sie sich freier gefühlt haben. Vielleicht weil sie sich bereits beim nicht anonymen Chat gegenüber *face-to-face*-Diskussionsrunden freier gefühlt haben und in der anonymen Diskussion keine Steigerung dieses Gefühls mehr wahrnehmen konnten.

Die genauere Analyse der Antworten gibt uns viele Anhaltspunkte, um das Gefühl größerer Freiheit besser zu verstehen. Das Gefühl liegt auf jeden Fall nicht auf der

Inhaltsebene, denn die Mehrheit (21 von 23) behauptet, sie hätten die gleiche Meinung im nicht anonymen Chat vertreten. Fast alle, die eine Begründung angegeben haben, erklären, dass sie zu ihrer Meinung stehen, „egal ob anonym oder nicht“, nur eine Testpeson gibt an, sie habe alles geäußert, was ihr eingefallen sei, „weil die anderen alle das gleiche gesagt haben“. Wir stellen auch – wie Pastinelli bei den nicht didaktischen Chattern – einen Wahrheits- und Ehrlichkeitsanspruch fest. Eine Testperson sagt sogar, sie hätte es als „heuchlerisch“ empfunden, „etwas anderes zu schreiben, nur weil [sie] die anderen nicht erkennen.“ Didaktische Chats wurden also von unserer Testgruppe nicht als Möglichkeit empfunden, neue bzw. in der Gruppe sonst nicht zur Schau gestellten Aspekte des Ichs auszuleben, und sie hatten keinen Einfluss auf die Ehrlichkeit der Aussagen. Wir glauben, das auch damit erklären zu können, dass viele (zehn) sich gefragt haben, ob sie erkannt werden können, und 16 sich gefragt haben, wer die anderen sind. In einer Lerngemeinschaft, so locker sie auch sein mag, ist vollständige Anonymität wahrscheinlich schwierig. Wir dürfen auch nicht vergessen, dass vor allem in stark heterogenen Gruppen die Lernenden auch – zum Teil unbewusst – auf Grund ihrer sprachlichen Kompetenz einige Informationen über sich weitergeben: Eine besonders gute idiomatische Ausdrucksweise weist auf Lernende mit hoher Kompetenz hin, während stark fehlerhafte Beiträge kompetenzschwächere Lernende ‚entlarven' könnten. Diese Information wird unwillkürlich von den Lernenden verraten, da sie über wenig Kontrolle ihres Produktionspotentials verfügen.

Es erweist sich als schwierig, andere Positionen als sonst üblich zu vertreten bzw. eine andere Rolle zu übernehmen, weil sich die meisten fragen würden, wer so ein Verhalten an den Tag legt, das nicht zum üblichen Bild passt, das man von den anderen KursteilnehmerInnen hat. Es würde einen Unsicherheitsfaktor in die Lerngemeinschaft bringen und viele würden möglicherweise versuchen, der Frage nachzugehen, wer das unübliche Verhalten aufwies. Und diese Person, würde sie identifiziert, könnte zur Rechenschaft gezogen werden, denn sie müsste auf jeden Fall ihr Verhalten, die Präsentation ihrer selbst im Chat, mit der Re-präsentation, dem Bild, das die anderen von ihr bis jetzt hatten, wieder in Einklang bringen. In diesem latenten Bewusstsein sehen wir den Hauptgrund dafür, dass der didaktische Chat nicht so enthemmend wirken kann, wie es nicht didaktische Chats tun können[22]. Hypothese 1 können wir also bejahen, wenn auch mit Einschränkungen.

Dafür haben viele Testpersonen angegeben, dass sie im nicht anonymen Chat (im Vergleich zum anonymen) einige Informationen nicht gegeben hätten: dazu zählen altmodische Wertvorstellungen, sehr Privates, Geldangelegenheiten oder

---

[22] Es sei hier nur darauf hingewiesen, dass das Problem der Übereinstimmung von Präsentation und Repräsentation sich auch bei nicht didaktischen Chats stellt, sobald die Chatter die Möglichkeit einer *face-to-face*-Begegnung mit berücksichtigen.

wenn die Testperson „eine Meinung total blöd gefunden hätte“. Ob anonym oder nicht anonym, es wird die eigene Meinung vertreten, aber eventuell wird in einer nicht anonymen Diskussion etwas verschwiegen, was im anonymen Chat durchaus erwähnt werden könnte.

Die Hypothese 2 – Anonymität führt zu mehr Ehrlichkeit und persönlichem Ausdruck – können wir also auch nur teilweise bestätigen: in unserem Fall führte der anonyme Chat nicht zu mehr Ehrlichkeit, die Antworten der Testpersonen lassen aber erahnen, dass er die Mitteilung von Persönlichem fördern kann.

Wenn die Ursache für das erhöhte Freiheitsgefühl eher nicht auf der Inhaltsebene zu suchen ist, so gibt die weitere Analyse der Daten aufschlussreiche Antworten. Die Ursache für das erhöhte Freiheitsgefühl ist eher in der verminderten Angst vor Fehlern zu suchen: Diese sinkt nämlich eindeutig mit der Anonymität. Wie wir es aus früheren Forschungsergebnissen kennen, ist im nicht anonymen Chat diese Angst bereits geringer als im Präsenzunterricht, unter anderem weil die Studierenden mehr Zeit zum Formulieren haben und dabei nicht beobachtet werden, was eindeutig zur Stressreduzierung beiträgt. Andererseits – und das haben einige unserer Testpersonen unterstrichen – haben die Studierenden im nicht anonymen Chat nicht alles geäußert, zum Teil weil andere ihre Fehler hätten sehen können. Eine Testperson gab ausdrücklich an, sie hätte unter ihrem Namen nicht die gleiche Meinung vertreten, „weil [sie] genau weiß, wie viele Fehler [sie] mach[t] und die Professorin dabei ist“ und erklärt außerdem, sie wäre „ein bisschen seriöser gewesen.“ Eine Testperson, die angibt, sie habe in Bezug auf Angst vor Fehlern keinen Unterschied zwischen beiden Chatarten gemerkt, meint aber, sie habe im nicht anonymen Chat zwar die gleichen Meinungen vertreten, aber nicht auf die gleiche Art und Weise, sie habe doch „vielleicht besser auf Fehler + Formulierung geachtet.“ Insgesamt verifiziert sich also unsere dritte Hypothese. Die Tatsache, dass niemand weiß, wer was – sprich vor allem welche Fehler – geschrieben hat, wirkt positiv und enthemmend auf die Studierenden.

6 Didaktische Schlussfolgerungen

Die Ergebnisse früherer Forschung sowie die hier beschriebenen positiven Auswirkungen von Anonymität in didaktischen Chats sprechen eindeutig für den Einsatz von solchen Chats im Fremdsprachenunterricht. Sie ermöglichen allen Lernenden – auch schüchterneren – an der Diskussion teilzunehmen und vor allem, sie befreien sie weitgehend von der Angst, Fehler zu machen und sich somit bloßzustellen. Die Lernenden können sich dadurch besser auf das konzentrieren, was sie ausdrücken wollen. Der Inhalt, der schlussendlich das Wesentliche an der Kommunikation ist, kann in den Vordergrund treten und die Form in den Hintergrund rücken.

Auf Grund der Aussagen der Testpersonen können wir auch annehmen, dass sich anonyme Chats besonders gut dazu eignen, heiklere und persönlichere Themen anzusprechen, da die ChatteilnehmerInnen – wenn auch im beschränkten Maße – geneigt sind, Privates von sich zu geben. Es können unter anderem in der Anonymität Meinungen vertreten werden, die – weil sie in irgendeiner Form nicht ganz gruppenkonform (s.o.) sind – andernfalls eher verschwiegen würden. Wir sehen in dieser Chatart eine bereichernde Möglichkeit, die sonst eher schleppend verlaufenden Diskussionen im Fremdsprachenunterricht wieder zu beleben. Dadurch dass niemand wirklich wissen kann, wer welche Meinung bzw. Erfahrung ausdrückt, können die Lernenden Persönliches von sich geben, ohne sich rechtfertigen zu müssen – eine unserer Testperson unterstreicht diesen positiven Aspekt – und gleich im Mittelpunkt zu stehen.

Zwar basieren die hier beschriebenen positiven Effekte auf den Ergebnissen eines Experiments mit relativ wenigen Testpersonen. Ein bereits durchgeführtes weiteres Experiment mit Studierenden, die über höhere Kompetenzen verfügen, bestätigt aber bereits diese hier festgestellten Trends. Wir können nur hoffen, dass an anderen Einrichtungen ergänzende Studien durchgeführt werden, die weitere Ergebnisse bringen und die Lehrenden überzeugen, dass anonyme Chats eine Bereicherung im Lehr-/Lernprozess von Sprachen darstellen.

Bibliographie

Abrams, Zsuzsanna Ittzes 2003: The Effect of Synchronous and Asynchronous CMC on Oral Performance in German. In: The Modern Language Journal, Volume 87, June 2003, 157-167.

Beauvois, Margaret Healy 1998: Write to Speak: The Effects of Electronic Communication on the Oral Achievement of Fourth Semester French Students. In: Muyskens, Judith A. 1998, 93-116.

Blake, Robert 2000: Computer Mediated Communication: A Window on L2 Spanish Interlanguage. In: Language Learning & Technology, Vol. 4, No. 1, May 2000, 120-136. http://llt.msu.edu/vol4num1/blake/default.html, Zugriff: 01.07.2006).

Bucica, Cristina & Simard, Nicolas 2002 (Hrsg.): L'identité. Zones d'ombre. Montreal, Québéc: Cahiers du CELAT à l'UQAM.

Chun, Dorothy M 1994: Using computer networking to facilitate the acquisition of interactive competence. In: System, 22(1), 17-31.

DidacTIClang o.J.: Formation des professeurs de langue à une didactique de l'Internet par Internet. Internet didactics via the Internet. Training program for language teachers. Europäische Kommission (Comenius 2.1). http://www.didacticlang.eu, Zugriff: 21.03.2007.

Draelants, Hugues 2001: Le "chat": un vecteur de lien social? In: Marcotte, Jean-François 2001. http://critique.ovh.org/0310/article1.html, Zugriff: 01.07.2006.

Europarat 2001: Gemeinsamer europäischer Referenzrahmen für Sprachen: Lernen, lehren, beurteilen. http://www.goethe.de/z/50/commeuro/deindex.htm, Zugriff: 01.02.2007.

Goffman, Erving 1973: La mise en scène de la vie quotidienne. La présentation de soi. Paris: Minuit.

Goffman, Erving 1974: Les rites d'interaction. Paris: Minuit.

Goffman, Erving 1991: Les cadres de l'expérience. Paris: Minuit.

Hudson, James M. / Bruckman, Amy 2002: Disinhibition in a CSCL Environment. In: Proceedings of Computer Support for Collaborative Learning (CSCL). http://research.jimhudson.org/publications/cscl02.pdf, Zugriff: 01.07.2006.

Hudson, J. M. 2006: The Role of Chatrooms in Facilitating Learning Behaviors in Small Group Learning. Unpublished Doctoral Dissertation, Atlanta: Georgia Institute of Technology. http://research.jimhudson.org/publications/diss.pdf, Zugriff: 01.07.2006.

Joseph, Isaac (Hrsg.) 1989: Le parler frais d'Erving Goffman. Paris: Minuit.

Kern, Richard 1995: Restructuring classroom interaction with networked computers: Effects on quantity and quality of language production. In: Modern Language Journal, 79(4), 457-476.

Marcotte, Jean-François 2001: Les rapports sociaux sur Internet: analyse sociologique des relations sociales dans le virtuel. Esprit critique, vol. 03, n° 10. http://critique.ovh.org/0310/ , Zugriff: 01.07.2006.

Muyskens, Judith, A. 1998 (Hrsg.): New Ways of Learning and Teaching: Focus on Technology and Foreign Language Education. Boston: Heinle & Heinle.

Ogien, Albert 1989: La décomposition du sujet. In: Joseph, Isaac 1989.

Pastinelli, Madeleine 2002: Quand le "vrai" s'oppose au "réel". Discours identitaires et mise en scène du soi dans les bavardages d'Internet. In: Bucica / Simard 2002, 235-253.

SourceForge.net, Create – Participate – Evaluate 2007: Projects – phpMy Chat – Summary. http://sourceforge.net/projects/phpmychat/, Zugriff: 21.03.2007.

Tudini, Vincenza 2003: Éléments conversationnels du clavardage : un entraînement à l'expression orale pour les apprenants de langues à distance? In: ALSIC vol. 6, n° 2, décembre 2003, 63 - 81. http://alsic.u-strasbg.fr/Num11/tudini/alsic_n11-pra1.htm, Zugriff: 01.07.2006.

Warschauer, Mark 1996: Comparing Face-to-Face and Electronic Discussion in the Second Language Classroom. In: CALICO Journal, Volume 13, N° 2 & 3, 7-26. http://calico.org/journalarticles/Volume13/vol13-2and3/Warschauer.pdf, Zugriff: 01.07.2006.

Dr. Christian Ollivier
Sprachenzentrum
Universität Salzburg
Akademiestr. 20
5020 Salzburg
e-mail: christian.ollivier@sbg.ac.at

Anhang

Auszug aus dem Fragebogen und hier analysierte Daten:

Fragen zum nicht anonymen Chat:

1) Haben Sie im nicht anonymen Chat alles, was Ihnen zum Thema eingefallen ist, geäußert?

Ja	6
Nein	17

2) Wenn nein, warum nicht? (Mehrfachantworten waren möglich)

Weil ich Fehler vermeiden wollte	5
Weil ich Probleme bei der Formulierung hatte	6
Weil ich diese Meinung nicht öffentlich vertreten wollte	3
Weil die Diskussion zu schnell war	7
Weil mein Beitrag nicht mehr zum Stand der Diskussion gepasst hätte	10
Sonstiges	2

3) Haben Sie im nicht anonymen Chat einen Beitrag getippt bzw. angefangen zu tippen, aber nicht abgeschickt?

Ja	12
Nein	11

4) Wenn ja, warum? (Mehrfachantworten waren möglich)

Weil ich Fehler vermeiden wollte	0
Weil ich Probleme bei der Formulierung hatte	2
Weil ich diese Meinung nicht öffentlich vertreten wollte	0
Weil die Diskussion zu schnell war	7
Weil mein Beitrag nicht mehr zum Stand der Diskussion gepasst hätte	9
Sonstiges	2

5) Haben Sie sich im nicht anonymen Chat wahrheitsgemäß geäußert?

Immer	17
Teilweise	6
Nie	0

Fragen zum nicht anonymen Chat:

6) Haben Sie sich gefragt, ob Sie erkannt werden könnten?

Ja	10
Nein	13

7) Haben Sie sich gefragt, wer die anderen sein könnten?

Ja	16
Nein	7

8) Hätten Sie unter Ihrem Namen die gleiche Meinung vertreten?

Ja	21
Nein	2

9) Warum / Warum nicht?

10) Hätten Sie unter Ihrem Namen Ihre Meinung auf die gleiche Weise vertreten?

Ja	18
Nein	4

Eine fehlende Antwort

11) Inwiefern?

12) Haben Sie sich im anonymen Chat wahrheitsgemäß geäußert?

Immer	18
Teilweise	5
Nie	0

13) Haben Sie im nicht anonymen Chat alles, was Ihnen zum Thema eingefallen ist, geäußert?

Ja	8
Nein	15

14) Wenn nein, warum nicht? (Mehrfachantworten waren möglich)

Weil ich Fehler vermeiden wollte	2
Weil ich Probleme bei der Formulierung hatte	4
Weil ich diese Meinung nicht öffentlich vertreten wollte	2
Weil die Diskussion zu schnell war	9

Weil mein Beitrag nicht mehr zum Stand der Diskussion gepasst hätte	10
Sonstiges	1

15) Haben Sie im anonymen Chat einen Beitrag getippt bzw. angefangen zu tippen, aber nicht abgeschickt?

Ja	9
Nein	14

16) Wenn ja, warum? (Mehrfachantworten waren möglich)

Weil ich Fehler vermeiden wollte	0
Weil ich Probleme bei der Formulierung hatte	2
Weil ich diese Meinung nicht öffentlich vertreten wollte	0
Weil die Diskussion zu schnell war	4
Weil mein Beitrag nicht mehr zum Stand der Diskussion gepasst hätte	8
Sonstiges	0

Anonymer Chat und nicht anonymer Chat im Vergleich

17) Wo war Ihre Angst vor Fehlern geringer?

Im anonymen Chat	10
Im nicht anonymen Chat	3
Kein Unterschied	10

18) Wo haben Sie sich freier gefühlt?

Im anonymen Chat	13
Im nicht anonymen Chat	5
Kein Unterschied	5

19) Wo waren Sie eher geneigt, der Meinung der Gruppe zuzustimmen?

Im anonymen Chat	1
Im nicht anonymen Chat	6
Kein Unterschied	16

20) Welche Meinungen/Informationen hätten Sie im nicht anonymen Chat nicht gegeben?

Verena Berger, Mar Cruz Piñol, Javier García Garrido &
Rosalie Sitman

Die Internet-Lernplattform „La Ruta de la Lengua Española“: Blended Learning in der universitären Fremdsprachenlehre

1 Blended Learning und mediengestützte Lehre im Fremdsprachenerwerb und in der Fremdsprachendidaktik

Dieser Beitrag stellt ein Blended-Learning-Projekt[23] vor, das 2001 von Lehrenden an vier Universitäten in Spanien, Israel, Österreich und Japan initiiert wurde. Im Mittelpunkt der Kooperation steht die Internet-Plattform „La Ruta de La Lengua Española“ (RLE)[24], die mit ihren verschiedenen Tools in zwei Lehrveranstaltungstypen als hybrides Kommunikationswerkzeug gleichzeitig im Fremdsprachenerwerb und in der Fremdsprachendidaktik „Spanisch als Fremdsprache“ eingesetzt wird. Zukünftige HispanistInnen, RomanistInnen und Spanisch-Studierende der Universität Tel Aviv (Israel), der Universität Aichi (Japan) und der Universität Wien (Österreich) nehmen an diesem Projekt aktiv als „virtuelle Studierende“ teil und werden von Studierenden des Instituts für Hispanistik der Universität Barcelona, die eine Lehrveranstaltung über Fremdsprachendidaktik „Spanisch als Fremdsprache“ absolvieren, als „virtuelle TutorInnen“ betreut. Während die Spanisch-Studierenden aus der medien-

---

[23] Blended Learning bezeichnet zumeist die Kombination von Präsenzunterricht und eLearning. In der Regel werden dabei Online-Aufgaben zur Vor- oder Nachbereitung von Lerneinheiten verwendet, die im Präsenzunterricht besprochen werden. Blended Learning ermöglicht ein höheres Zeitpotential für Übungen, Diskussionen und Umsetzung des Gelernten im Präsenzunterricht, erfordert aber von den betreuenden Lehrenden einen hohen Zeitaufwand in der Unterrichtsplanung und -vorbereitung (vgl. Beitrag von Angelika Rieder-Bünemann in diesem Band). Zudem sollten Lehrende und Studierende mit dem Umgang mit ICT (Informations- und Kommunikationstechnologien) vertraut sein. In Blended-Learning-Konzepten ergänzt die elektronische Komponente den Präsenzunterricht, ersetzt ihn aber nicht (Casanovas u.a. 2005).

[24] In der Folge wird die Bezeichnung „La Ruta de La Lengua Española“ durch die Abkürzung „RLE“ ersetzt.

gestützten Kommunikation mit MuttersprachlerInnen Nutzen ziehen, erhalten die zukünftigen FremdsprachenlehrerInnen einen ersten Einblick in die Realität des Fremdsprachenunterrichts. Die Projektaufgaben sind in die jeweilige Präsenzlehre an den vier Universitäten eingebunden und garantieren einen Rücklauf der Ergebnisse in die einzelnen Lehrveranstaltungen. Welche Fertigkeiten und Kenntnisse fördert ein Blended-Learning-Projekt wie die RLE? Wie motiviert die Nutzung des Internets die Kommunikation mit Muttersprachlern bzw. Lernenden der Fremdsprachendidaktik bzw. einer Fremdsprache? Welche Faktoren beeinflussen das Gelingen eines derartigen Projekts?

Der Einsatz der Lernplattform RLE im Rahmen des hier beschriebenen Blended-Learning-Projekts geht von den Überlegungen Warschauers und Whittakers (1997) aus, die zahlreiche Gründe für die Integration des Internets in den Fremdsprachenunterricht identifizieren: 1) die Förderung des Fremdsprachenerwerbs, 2) optimale Bedingungen für die Entwicklung des schriftlichen Ausdrucks in einer authentischen Umgebung, 3) erhöhte Motivation und 4) Verknüpfung mit anderen Wissens- und Wissenschaftsgebieten (Kulturwissenschaften) sowie Förderung anderer Fertigkeiten („computer skills"). Zudem trägt die Einbindung des Internets dazu bei, den Faktor Distanz, der herkömmlichen Lehr- und Lernmodellen zugrunde liegt, aber auch die geographische Entfernung zwischen den MuttersprachlerInnen und den Studierenden zu verringern.

2 Der Entstehungsprozess der Internet-Lernplattform „La Ruta de la Lengua Española"

Die Internet-Lernplattform RLE nahm ihren Anfang in einem Forschungsprojekt, das Javier García Garrido im Rahmen seines MA-Lehrgangs „Máster del Español como Lengua Extranjera" an der Universität Salamanca (Spanien) im Jahr 2000 durchführte. Die für dieses Projekt entwickelte Webseite[25] bietet zahlreiche Funktionen für integrales Lernen: Einstufungstests, Chatraum, Forum, E-Mail, Links zu online-basierten Grammatikübungen, Enzyklopädien, Wörterbücher, Verb-Konjugatoren, Lesetexte, Sprichwörter, Quiz-Spiele, Lieder bis hin zu einer „virtuellen Tafel" und anderen Web-Portalen in spanischer Sprache.

Mit der RLE hatte sich García Garrido nicht nur das Ziel gesetzt, eine Plattform zum autonomen und autodidaktischen Lernen ins Internet zu stellen, sondern auch, zusätzliche Lehr- und Lernmittel anzubieten, die unterstützend und ergänzend im Präsenzunterricht eingesetzt werden können.[26] Die Forschungs-

---

[25] Siehe URL: www.larutadelalengua.com, Zugriff 06.03.2007.

[26] Vgl. dazu die Abschlussarbeit García Garrido 2001 und García Garrido 2002.

arbeit von García Garrido bzw. die Entwicklung der Lernplattform RLE führte in der Folge zu einem Blended-Learning-Projekt, das im Sommersemester 2006 bereits zum fünften Mal durchgeführt wurde. Ausgehend von der Lehrveranstaltung „Cuestiones del Español como Lengua Extranjera", die Dr. Mar Cruz Piñol gemeinsam mit Prof. Dr. Emma Martinell am Institut für Hispanistik der Universität Barcelona betreut und die einer didaktischen Arbeitsgemeinschaft für künftige Spanisch-LehrerInnen entspricht, wird das Blended-Learning-Projekt mit der RLE seit 2001 jeweils im Sommersemester durchgeführt.

3 Die Benützergruppen der Internet-Lernplattform „La Ruta de la Lengua Española"

Als Träger des Blended-Learning-Projekts mit der RLE konstituierten sich seit seiner Entstehung im Jahr 2001 die Universität Barcelona (Spanien), die Universität Tel Aviv (Israel), die Universität Wien (Österreich) sowie die Universität Aichi (Japan). An den einzelnen Universitäten wird das Projekt von Dr. Mar Cruz Piñol, Dr. Rosalie Sitman, Dr. Verena Berger und Lídia Sala Caja in der Lehre eingesetzt.[27] Dank der Möglichkeiten der neuen Technologien ist die Koordination des Blended-Learning-Projekts nicht von geographischen Entfernungen beeinträchtigt. Auch den beteiligten Lehrenden dienen E-Mail und Chat dazu, kontinuierlich den Kontakt aufrecht zu erhalten und die Vorbereitung und Durchführung des Projekts gemeinsam zu betreuen (Cruz Piñol u.a. 1999a). Seit 2001 entstand in der Folge rund um die RLE eine internationale Forschungsgruppe von Universitätslehrenden.

Da an diesem internationalen und interkontinentalen Projekt mehrere Universitäten beteiligt sind, ist auch die Zusammensetzung der einzelnen Lerngruppen heterogen. Sowohl die Lehrveranstaltungstypen als auch die Lehr- und Lernziele der einzelnen Gruppen und ihre Rahmenbedingungen sind unterschiedlich geartet. Grundsätzlich sind die Gruppen des Instituts für Hispanistik der Universität Barcelona als TutorInnen von den Lerngruppen der Universitäten Tel Aviv, Aichi und Wien zu unterscheiden, die am Projekt in Lehrveranstaltungen mit dem Ziel des Spracherwerbs teilnehmen.

---

[27] Neben den vier Universitäten, an denen sich dank der kontinuierlichen Zusammenarbeit der Lehrenden im Laufe der Jahre ein funktionierendes Netzwerk entwickelte, nahmen sporadisch auch andere Universitäten an diesem Projekt teil: 2001 die Universität La Trobe und die Universität Griffith (Australien) dank der Kooperation von Martha Flores und Cristina Poyatos, sowie 2003 die Fakultäten M. Campos und E. Sá (Brasilien) dank der Mitarbeit von Jorge Cabrera, María Peix und Isabel Ginés Surià.

Abbildung 1: Die Einstiegsseite „La Ruta de la Lengua Española“ (RLE)

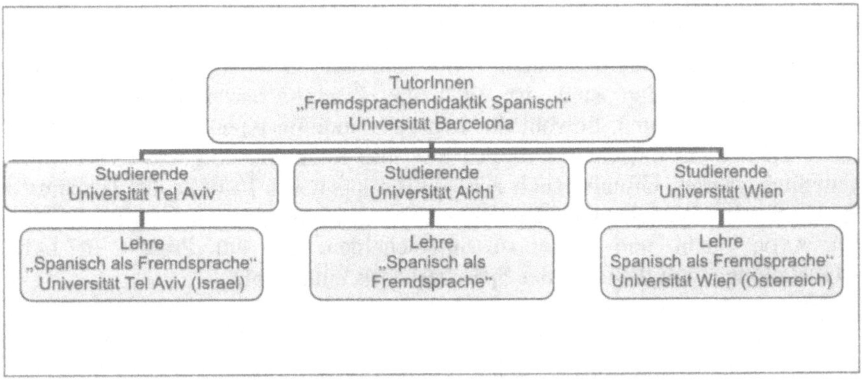

Abbildung 2: Organigramm der Betreuungsstruktur der RLE

Während die Studierenden des Instituts für Hispanistik der Universität Barcelona an diesem Projekt als zukünftige LehrerInnen mit der Zielsetzung teilnehmen, ihre didaktischen, linguistischen und kulturwissenschaftlichen Fähigkeiten unter

Beweis zu stellen, ist das Lernziel der Studierenden an den Universitäten Tel Aviv, Aichi und Wien in erster Linie auf der Ebene des Spracherwerbs zu orten (Cruz Piñol u.a. 1999b).

3.1 Profil der TutorInnen der Internet-Lernplattform „La Ruta de la Lengua Española" – Barcelona

Die Muttersprache der Studierenden des Instituts für Hispanistik der Universität Barcelona ist Spanisch. Aufgrund des Standorts Barcelona sind zahlreiche TutorInnen bilingual und beherrschen auch die katalanische Sprache. Sie absolvieren die Lehrveranstaltung „Cuestiones del Español como Lengua Extranjera", ein Freifach des Diplomstudiums Hispanistik, das Prof. Dr. Emma Martinell Gifré koordiniert. Zielsetzung dieser Lehrveranstaltung ist, die spanische Sprache aus der Perspektive des Fremdsprachenerwerbs zu analysieren und in die Didaktik des Spanischen im Fremdsprachenunterricht einzuführen.[28] Die Lehrveranstaltung findet jeweils im Sommersemester statt und ist zeitlich auf etwa 15 Sitzungen begrenzt. Nach positivem Abschluss haben die Studierenden Grundkenntnisse in der Didaktik des Fremdsprachenunterrichts Spanisch erworben.

Im Rahmen dieses Lehrangebots können die Studierenden der Universität Barcelona dank des Blended-Learning-Projekts der RLE ein „virtuelles Praktikum" mit Studierenden der spanischen Sprache absolvieren. Die Teilnahme an diesem Praktikum ist nicht verpflichtend, wird aber in die Benotung am Ende des Semesters miteinbezogen. Bis dahin müssen die Studierenden der Universität Barcelona einen Bericht verfassen, in dem sie die Lernfortschritte beschreiben, die ihnen dieses Projekt ermöglichte. Dadurch sind die TutorInnen schon im Laufe des gesamten Semesters dazu angehalten, über den Ablauf der Aktivitäten in der Lernplattform zu reflektieren. Gleichzeitig dienen diese Endberichte den Lehrenden am Institut für Hispanistik der Universität Barcelona dazu, die Aufgabenstellungen rund um die RLE von Jahr zu Jahr zu verbessern und zu perfektionieren. Jene Studierenden, die zwar die Lehrveranstaltung „Cuestiones del Español como Lengua Extranjera" absolvieren, aber nicht aktiv als TutorIn am Blended-Learning-Projekt teilnehmen, profitieren von den Erkenntnissen ihrer StudienkollegInnen in Form von Referaten und schriftlichen Berichten, die im letzten Drittel des Semesters in die Lehre eingebunden werden. Zudem verschränken sich die Erfahrungen, die die TutorInnen mit ihren „virtuellen

---

[28] Es handelt sich dabei um die einzige Lehrveranstaltung dieses Typs im Curriculum des Hispanistik-Studiums an der Philologischen Fakultät der Universität Barcelona. Wir danken der Koordinatorin der Lehrveranstaltung „Cuestiones del Español como Lengua Extranjera", Prof. Dr. Emma Martinell, für die Möglichkeit, das Blended-Learning-Projekt der RLE im Rahmen dieser Lehrveranstaltung durchführen zu können.

Studierenden“ sammeln, mit den Lehr- und Lernzielen der Lehrveranstaltung und fließen konstant in den Präsenzunterricht ein, sodass auch die Studierenden, die keine Aufgabe als TutorIn übernommen haben, von den Erfahrungen ihrer StudienkollegInnen Nutzen ziehen. Die Tatsache, dass sich die TutorInnen freiwillig beteiligen, garantiert den koordinierenden Lehrenden, dass nur jene mitwirken, die tatsächlich an diesem Projekt interessiert sind (Gutiérrez Araus u.a. 2000).

3.2 Profil der „virtuellen Studierenden“ der Internet-Lernplattform „La Ruta de la Lengua Española“ – Tel Aviv, Wien, Aichi

Alter, Muttersprache, Einstiegsniveau und Lehrveranstaltungstyp sind jene Variablen, die je nach Standort und Universität die Gruppen der „virtuellen Studierenden“ unterscheiden. Gemeinsamer Nenner ist das Ziel, die spanische Sprache zu erlernen. Während das Durchschnittsalter der TeilnehmerInnen aus Wien mehrheitlich zwischen 21 und 23 Jahren liegt, sind die Altersunterschiede in Tel Aviv (zwischen 20 und 70 Jahre) und Aichi (zwischen 20 und 60 Jahre) erheblich größer. Für die gruppeninterne Kommunikation steht den LernerInnen in Israel, Japan und Österreich jeweils eine gemeinsame Vehikularsprache zur Verfügung. Der sprachliche Hintergrund der einzelnen TeilnehmerInnen ist häufig mehrsprachig, zumal Studierende mit unterschiedlichen Muttersprachen am Projekt teilnehmen.

Dieser Umstand ist darauf zurückzuführen, dass am Blended-Learning-Projekt der RLE Studierende teilnahmen, die ursprünglich an Universitäten anderer Länder immatrikuliert (z.B. Erasmus-Studierende an der Universität Wien) oder Kinder von MigrantInnen sind (dieser Fall trat überall auf).

An der Universität Tel Aviv kann die Studienrichtung Hispanistik nicht als eigene Studienrichtung belegt werden. Spanisch wird neben Englisch verpflichtend als weitere Fremdsprache für all jene Studierenden angeboten, die einen Postgraduate-Lehrgang vom MA bis hin zu Doktoratsstudien absolvieren. Auch Studierende einzelner Studienrichtungen wie Kunstgeschichte oder Linguistik müssen Lehrveranstaltungen in spanischer Sprache belegen. An einigen Fakultäten wird Spanisch als freies Wahlfach angerechnet, ohne dass dafür eine Evaluierung vorgesehen ist. Daraus ergibt sich, dass die Gruppen der Studierenden aus Tel Aviv sehr heterogene Interessen haben und unterschiedlich motiviert sind.

Die Studierenden der Universität Wien absolvieren den „Aufbaukurs Spanisch“ und damit die erste verpflichtende Übung im Rahmen der Sprachausbildung des Instituts für Romanistik. Das Eingangsniveau der österreichischen Projekt-TeilnehmerInnen ist aus zwei Gründen sehr heterogen: aufgrund der Möglichkeit, mehrere Studienrichtungen parallel zu inskribieren bzw. einzelne Fächer als

Wahlfächer und Module zu belegen. Neben HispanistInnen und RomanistInnen absolvieren daher auch Studierende anderer Studienrichtungen Sprachübungen in spanischer Sprache. Ähnlich wie in Tel Aviv ergeben sich daraus heterogene Motivationen und Interessen.

Im Gegensatz zu Tel Aviv und Wien belegen alle Studierenden der Universität Aichi den Studienzweig Hispanistik. Spanisch ist ihre erste Fremdsprache. Bislang nahmen nur Studierende der letzten beiden Studienjahre am Blended-Learning-Projekt der RLE teil, so dass ein Mittelstufenniveau (entsprechend B1/B2 des Europäischen Referenzrahmens) bereits vorausgesetzt werden konnte. Das Projekt wurde im Rahmen der Lehrveranstaltungen „Schriftliche Produktion" (drittes Studienjahr) und „Spanisch für Fortgeschrittene" (viertes Studienjahr) durchgeführt und war der erste Kontakt der japanischen Studierenden mit Übungen zum schriftlichen Ausdruck. Jene StudentInnen, die die Lehrveranstaltung tagsüber belegt hatten, waren durchschnittlich 22-24 Jahre alt, während die Gruppe der Studierenden im Abendkurs wesentlich heterogener und zwischen 21 und 60 Jahren alt war. Ebenso heterogen waren daher auch in Aichi Motivationen und Interessen. Im Allgemeinen kann festgehalten werden, dass die Gruppen der Abendkurse mit größerem Enthusiasmus am Projekt teilnahmen.

4 Blended Learning mit der Internet-Lernplattform „La Ruta de la Lengua Española"

Der zentrale Aspekt von Blended Learning ist die Ergänzung des Präsenzunterrichts durch eLearning. Insbesondere die Vor- und Nachbereitung von Online-Aufgaben fördert einen Lerntransfer, der klassische Präsenzlehrveranstaltungen bereichern kann. Während bislang die Kommunikationsstrategien vorrangig im Hinblick auf „mündliche Interaktion" betrachtet wurden, ermöglichen die neuen Informations- und Kommunikationstechnologien Lehrenden und Studierenden, die Interaktion (untereinander und mit den Lehrenden) im Rahmen der Realzeit über die herkömmlichen Grenzen einer Lehrveranstaltung auszudehnen. Das Internet bietet die Gelegenheit, sowohl asynchron in Form von Foren oder Web-Blogs als auch synchron in Form von Chats in Realzeit und über die Realzeit des Präsenzunterrichts hinaus zu kommunizieren (Sotillo 2000). Diese Möglichkeiten der asynchronen und synchronen Kommunikation, die letztlich zum Ausbau der Fertigkeiten der Interaktion in Realzeit dienen, macht sich das Blended-Learning-Projekt der RLE zu Nutze (Vgl. Belz 2002; Darhower 2002; Kern & Warschauer 2000).

4.1 Synchrone Kommunikation mit der Internet-Lernplattform „La Ruta de la Lengua Española"

Synchrone Kommunikation kann in Echtzeit im Chatraum der RLE zwischen zwei oder mehreren Benutzern stattfinden. Der Chatraum ermöglicht sowohl eine Viele-zu-Viele-Kommunikation als auch eine Eins-zu-Eins-Kommunikation in privaten Chaträumen. Der Chat eignet sich angesichts der schnellen und direkten Kommunikation vor allem für kürzere „Gespräche", die in schriftlicher Form fixiert werden, aber der mündlichen Kommunikation entsprechen (Platten 2001).

Wie der erste Einsatz des Chatraums im Sommersemester 2001 zeigte, reagierten aufgrund des raschen Ablaufs synchroner Kommunikation nicht alle „virtuellen Studierenden" aus Tel Aviv, Wien und Aichi positiv auf den Einsatz des Chats. Daher wurde der Chatraum bis zum Sommersemester 2006 nicht als kollektive Kommunikationsform eingesetzt. Um die beteiligten TutorInnen des Instituts für Hispanistik der Universität Barcelona vor Beginn der Online-Tutorien auf ihre Aufgaben sowohl inhaltlich als auch im Hinblick auf interkulturelle Aspekte vorzubereiten,[29] findet nun vor Beginn der Aktivitäten im Forum der RLE im Chatraum ein Treffen aller beteiligten Lehrenden mit den zukünftigen TutorInnen statt. Dabei werden sowohl die (schriftlich fixierten) Zielsetzungen des Projekts diskutiert als auch unmittelbare Fragen beantwortet (Nutta & Spector-Cohen 2002).

Im Sommersemester 2007 soll diese vorbereitende Phase in einem zweiten Schritt in länderspezifischen Chat-Treffen den ersten Kontakt zwischen TutorInnen und ihren „virtuellen Studierenden" über das Forum hinaus in kollektiven und privaten Chaträumen dynamisieren. Weitere Aktivitäten im Chatraum bleiben dann dem Ermessen der einzelnen Kleingruppen von TutorInnen und Studierenden überlassen. Die Eins-zu-Eins-Kommunikation kommt dabei den Fremdsprachenlernern stärker entgegen als eine Viele-zu-Viele-Kommunikation, weil erstere je nach Möglichkeit und Bedarf individuell gestaltet werden kann. Für jene, die noch keine Mittelstufen-Kenntnisse erworben haben, ist es insgesamt schwieriger, mit der Geschwindigkeit der Chat-Kommunikation Schritt zu halten. Am Ende der jeweiligen Semesterkurse finden dann abschließende Treffen im Chat statt, bei denen neben der herkömmlichen Evaluierung auch direktes Feedback und Austausch mit den koordinierenden Lehrenden ermöglicht wird.

---

[29] Auf diese Weise soll möglichen interkulturellen Missverständnissen vorgebeugt werden: beispielsweise reagieren die japanischen Studierenden auf die öffentlich zugängliche Online-Korrektur im Forum mit Ablehnung bis hin zum frühzeitigen Ausstieg aus dem Projekt; israelische Studierende wirken mit ihren nachdrücklichen Fragestellungen auf die spanischen TutorInnen als extrem ungeduldig.

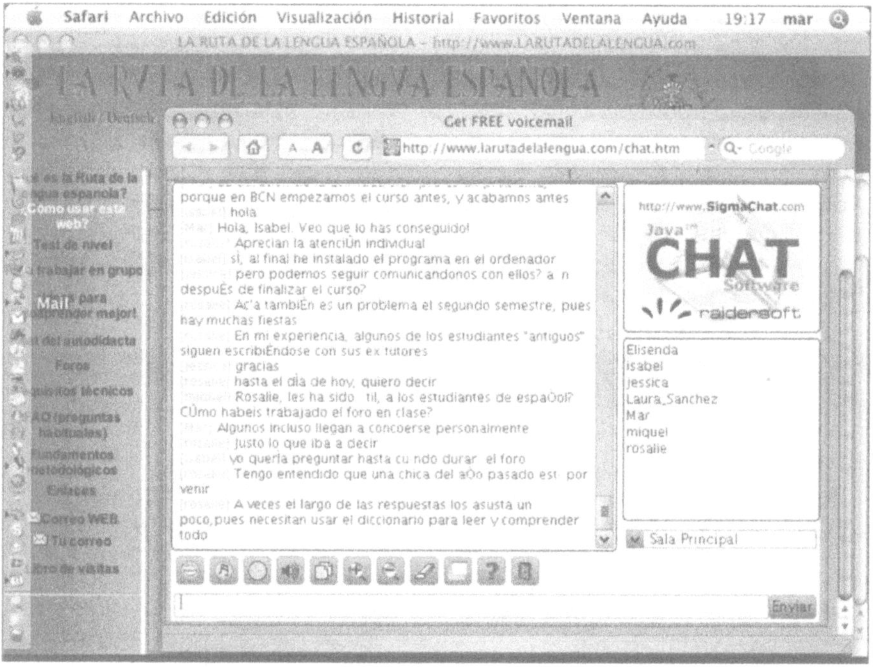

Abbildung 3: Der Chatraum der Internet-Lernplattform „La Ruta de la Lengua Española"

4.2 Asynchrone Kommunikation mit der Internet-Lernplattform „La Ruta de la Lengua Española"

Der Großteil des Blended-Learning-Projekts findet im Forum der RLE statt. Jeweils ein Tutor/eine Tutorin betreut im Laufe des Semesters 1-3 Studierende aus Israel, Österreich oder Japan. Einer der wichtigsten Vorteile dieser Lehr- und Lernform, die auf der Interaktion zwischen „gleichrangigen" Personen beruht, liegt darin begründet, dass TutorInnen wie auch „virtuelle Studierende" einerseits über den eigenen Lernprozess (im Bereich der Sprachlehre/des Spracherwerbs wie auch der Kultur) reflektieren müssen, andererseits zu jeder Zeit auch die Perspektive ihres Gegenübers „hinter dem Bildschirm" in Betracht zu ziehen haben. Während die Inhalte der Postings im Forum ohne die Mittlerrolle der Lehrenden zu verhandeln sind, müssen sowohl die „virtuellen Studierenden" als auch die TutorInnen die Auswirkungen abwägen, die ihre Handlungen bei ihrem Gegenüber auslösen, bevor ein neues Posting gesetzt wird (Lee 2004). Für jene Gruppen, die im Rahmen dieses Projekts im Bereich Fremdsprachenerwerb teilnehmen, sind schriftlicher Ausdruck, Grammatik, Lexik und Stil prioritäre

Lernziele. Die Aufgabenstellungen reichen daher von gesteuerten Lernprozessen, die mit aktuellen Themen im Präsenzunterricht verknüpft sind, bis hin zum offenen Lernen, das von den Lernenden autonom gesteuert wird. In diesem Sinne erhalten die Gruppen der Universitäten in Tel Aviv, Wien oder Aichi als Input in der Regel authentische Lesetexte aus der aktuellen Presse, deren Themen als Diskussionsgrundlage in das Forum einfließen und eine Rückkoppelung im Präsenzunterricht garantieren.[30] Im Gegensatz zur synchronen Kommunikation, die in Echtzeit stattfindet, unterliegt die asynchrone Kommunikation in Form von Postings keinem Zeitdruck, erlaubt das Heranziehen von Hilfsmitteln wie Wörterbüchern und ist jederzeit wieder abrufbar.

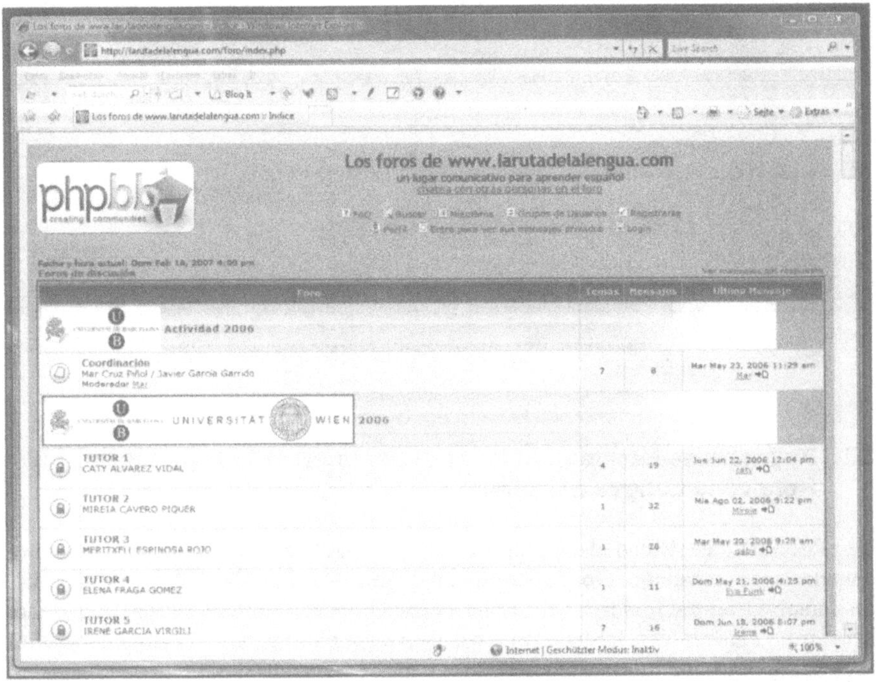

Abbildung 4: Das Forum der Internet-Lernplattform „La Ruta de la Lengua Española“

[30] Im laufenden Sommersemester wurden z.B. Pressetexte zum aktuellen Geschehen in Spanien aus den Online-Ausgaben der Tageszeitungen „El País“ (www.elpais.es, Zugriff 06.03.2007) und „La Vanguardia“ (www.lavanguardia.es, Zugriff 06.03.2007) in den Präsenzunterricht eingebunden. Themen wie Jugendkultur („El botellón“), soziologische Studien (Lebensqualität in Großstädten wie Madrid und Barcelona) oder landeskundliche Aspekte wie Osterbräuche stehen damit im Forum zur Diskussion.

Die Studierenden aus Israel, Österreich und Japan erhalten von den TutorInnen in Barcelona im Forum grammatikalische und stilistische Korrekturen ihrer Postings. Daraus ergeben sich des Öfteren auch weitere Ausführungen zu Lehr- und Lernzielen, die im Präsenzunterricht behandelt werden, wie etwa zur Anwendung des *Subjuntivo*, zum kontrastiven Gebrauch der Vergangenheitsformen oder zur Verwendung von *ser/estar* und *por/para*. Aber auch der Bilingualismus in Katalonien, der studentische Alltag sowie das Schul- und Universitätswesen in Spanien, Musik, Literatur und Film werden im Forum thematisiert. Häufig ergänzen die TutorInnen ihre Reaktionen nicht nur mit ausführlichen Erklärungen, sondern auch mit Bibliographie und Online-Materialien, die der Verbesserung und Perfektionierung des Spanischen als Fremdsprache dienen. Für die „virtuellen Studierenden" sind die Korrekturen, Kommentare, Kritiken, aber oftmals auch Lob seitens ihrer TutorInnen aus Barcelona eine große Motivation (Darhower 2002).

Um der Online-Kommunikation im Forum der RLE einen höheren Grad an Realität und Lebendigkeit zu verleihen, steht es den TeilnehmerInnen frei, ein Foto in die Plattform einzuspielen, das neben jeder Nachricht aufscheint. Das Sichtbar-Machen des Gegenübers stimuliert nicht nur die aktive Teilnahme, sondern trägt dazu bei, eventuelle Hemmungen zu überwinden. Darüber hinaus fördert die Visualisierung der anderen TeilnehmerInnen sowohl die Gruppen-Kohäsion als auch die Herausbildung einer virtuellen Gemeinschaft der beteiligten Studierenden (Wenger 1998; Meskill 1999).

Die Abschlussberichte der TutorInnen der Universität Barcelona überraschen mit einer besonderen Erkenntnis im Rahmen der Betreuung ihrer „virtuellen Studierenden": Zu ihrem Erstaunen beschränken sich ihre Aufgaben nicht auf rein linguistische Aspekte wie Grammatik, Syntax, Lexik oder Stil. Vielmehr fordern sie die Studierenden aus Israel, Österreich und Japan auch mit einer Vielfalt von kulturwissenschaftlichen Fragenstellungen zur Hispanistik und vor allem zur Ibero-Amerikanistik. Dadurch erkennen die TutorInnen, dass die Interessen ihrer „virtuellen Studierenden" von Hochkultur (Literatur) bis hin zu Popularkultur (Telenovela) reichen und dass Japaner, Israelis oder Österreicher bereits über profunde Kenntnisse der Kultur/en spanischsprachiger Länder verfügen (können). Zudem kristallisiert sich im Rahmen dieses Projekts heraus, dass ein Großteil der Spanisch-Studierenden vehementes Interesse für Kultur und Sprache der iberoamerikanischen Länder zeigt (Cruz Piñol 2002: 120).

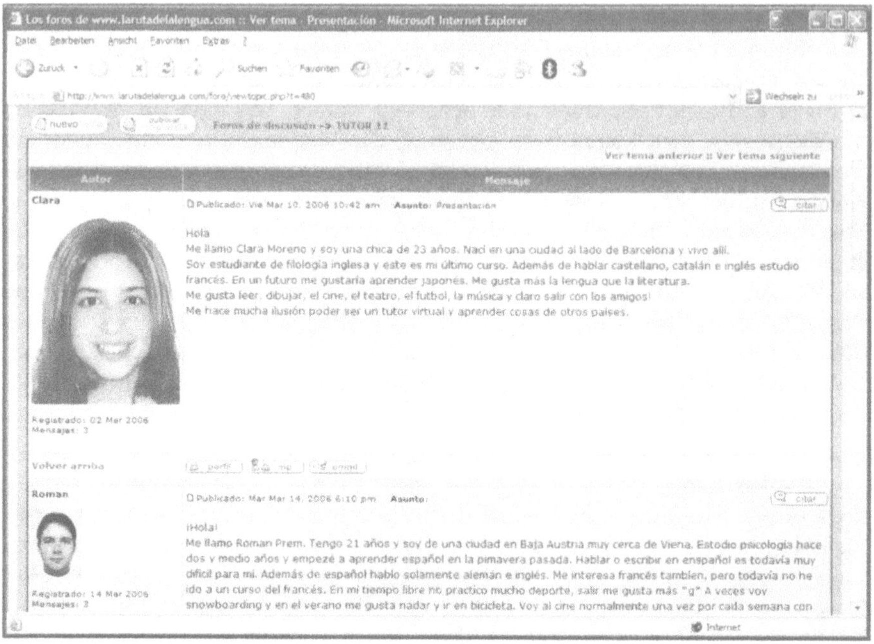

Abbildung 5: Das Board des Forums der Internet-Lernplattform „La Ruta de la Lengua Española“

5 Schlussfolgerungen aus dem Blended-Learning-Projekt der Internet-Plattform „La Ruta de la Lengua Española“

Sowohl aus der Perspektive der Fremdsprachendidaktik als auch ganz besonders jener des Fremdsprachenerwerbs zeigt das Blended-Learning-Projekt der RLE, dass es dank des Einsatzes der Informations- und Kommunikationstechnologien im Rahmen einer Lehrveranstaltung möglich ist, die Realität der sprachlichen Kommunikation zwischen Muttersprachlern und Studierenden einer Fremdsprache soweit in die Praxis des Fremdsprachenunterrichts zu holen, dass beinahe die Realität einer gelebten sprachlichen Kommunikation entsteht (Sitman 1998).[31]

[31] Das einzige „Hindernis“ bleibt bislang die Tatsache, dass im Rahmen dieses Projekts eine „face-to-face“-Kommunikation aus technischen Gründen noch nicht möglich war. Neue Chancen liegen sicherlich in der Internet-Telephonie und in Programmen wie Skype, die mit Hilfe einer Video-Kamera und Kopfhörern synchrone Kommunikation in Echtzeit ermöglichen. Die asynchrone schriftliche Kommunikation in Foren bleibt aber sicher weiterhin die beste Form eines abrufbaren Austausches zwischen TutorInnen und Fremdsprachenstudierenden.

Daraus resultiert im Fall des Einsatzes der RLE ein auf drei Ebenen stattfindender Lernprozess: 1) die Fremdsprachen-Studierenden lernen den Umgang mit der Fremdsprache und verbessern den schriftlichen Ausdruck und die Lesefertigkeit[32]; 2) die muttersprachlichen TutorInnen setzen Strategien der Didaktik des Fremdsprachenunterrichts ein; 3) die koordinierenden Lehrenden können im Forum die Ergebnisse der Präsenzlehre überprüfen und mit dieser rückkoppeln (García Asensio u.a. 2003).

Die Erfahrungen im Umgang mit der RLE aus der Perspektive des Fremdsprachenerwerbs stellen sich in Israel, Österreich und Japan durchaus unterschiedlich dar. Aus kulturellen und pädagogischen Gründen ist es für die Studierenden der Universität Aichi schwieriger, einen Zugang zur Interaktion im Fremdsprachenerwerb zu finden. Während sie mit größter Wahrscheinlichkeit in der Situation einer realen Kommunikation erhebliche Schwierigkeiten hätten, gelingt es gerade ihnen dank der Möglichkeiten der RLE, sich in der Internet-Lernplattform ein „alternatives, virtuelles Ich" zu schaffen und dadurch die Rolle eines Lernenden zu akzeptieren (Turkle 1995; Gil Rodríguez 2002). Die asynchrone Kommunikation kommt den japanischen Studierenden besonders entgegen, weil es im Japanischen viele Gesprächssituationen gibt, in denen die Reaktion des Gesprächspartners mehr Zeit in Anspruch nimmt als üblicher Weise im Spanischen. Da im Forum Kommunikation durch die Asynchronität ohne Zeitdruck umgesetzt werden kann, fühlen sich die japanischen Studierenden gleichberechtigt und können daher auf Themenbereiche eingehen, die tatsächlich ihren Interessen entsprechen. In ihren Projekt-Evaluierungen hatten die japanischen Studierenden die Genauigkeit hervorgestrichen, mit der sie sich den schriftlichen Aufgaben im Forum widmeten (Trenchs 1998; 2001). Sie fühlen sich dazu nicht nur deshalb motiviert, weil sie sich in ihren TutorInnen an ein real existierendes Gegenüber richten, sondern auch, weil ihre Texte auf den Seiten der RLE öffentlich zugänglich sind (Pastor Cesteros 1999; Cruz Piñol u.a. 1999a).

Sowohl die Studierenden der Universität Tel Aviv als auch jene der Universität Wien verzeichnen es als sehr positiv, angesichts der großen Lerngruppen im Präsenzunterricht (mehr als 30 Studierende) in einem persönlichen und exklusiven Austausch mit TutorInnen in Spanien zu stehen. Auf diese Weise gelingt es auch jenen, die sich im Hörsaal nicht äußern würden, in der „Semi-Anonymität" (Sitman 1998) des Forums Fuß zu fassen und die eigenen sprachlichen Fertigkeiten unter Beweis zu stellen (Lee 2004). Die Teilnahme am Blended-Learning-Projekt der RLE ermöglicht allen Studierenden einen Einblick in die Interessen und Probleme ihrer KollegInnen. Festzustellen, dass andere dieselben Schwierig-

[32] Im Laufe der Jahre zeichnet sich ab, dass der Erfolg des Projekts umso größer ist, je weiter fortgeschritten die Kenntnisse der „virtuellen Studierenden" in der spanischen Sprache sind (siehe Mittelstufe Japan).

keiten im Fremdsprachenerwerb haben, erleichtert nicht nur den eigenen Lernprozess, sondern lässt jeden einzelnen zum Mitglied eines „virtuellen" Kollektivs werden (Tirado u.a. 2002; Wegerif 1998). Insgesamt kann festgestellt werden, dass die Internet-Plattform RLE mit ihren Tutorien verschiedene Lerngeschwindigkeiten und Lernstile begünstigt (Shulman 2001). Der Einsatz der RLE fördert daher nicht nur das Vertrauen in die eigenen Kommunikationfähigkeiten in der Fremdsprache, sondern führt insgesamt zu höherer Motivation (Kelm 1992).

Manche TutorInnen der Universität Barcelona lehnen es anfangs eher ab, sich im Forum der RLE mit Fragestellungen zu beschäftigen, die nicht in das Schema einer rein philologisch-linguistischen Ausbildung zu passen scheinen. Andere wiederum wenden viel Zeit auf, um die entsprechenden Informationen zu beschaffen und auf kulturwissenschaftliche Aspekte eingehen zu können. Die Erkenntnis, dass das Berufsfeld von Fremdsprachenlehrenden über den reinen Fremdsprachenerwerb hinausreicht, ist in jedem Fall als positiver Schritt im Lernprozess der TutorInnen zu verzeichnen.

Darüber hinaus ermöglicht die RLE allen Studierenden, ihre eigenen Interessen über den Rahmen der Präsenzlehrveranstaltungen hinaus weiterzuentwickeln. An allen vier beteiligten Universitäten wird festgestellt, dass punktuell gesetzte Aufgaben (etwa Lesetexte mit kulturwissenschaftlichem Input) die Diskussion stimulieren. Die Motivation sowohl der Studierenden, die an Sprachübungen teilnehmen, als auch der TutorInnen nimmt hingegen zu, wenn die Beteiligten ihre eigenen Themen im Forum formulieren und definieren. Das Aus- und Verhandeln von Informationen, die in den Postings diskutiert werden, schafft in kurzer Zeit ein besonderes Vertrauensverhältnis (in das die koordinierenden LehrveranstaltungsleiterInnen der RLE nur selten und vor allem organisatorisch eingreifen), obwohl es sich um „virtuelle Kommunikation" handelt. Gerade die Spontaneität und Natürlichkeit, die der Umgang der Studierenden im Forum durch die freie Meinungsäußerung erreicht, stimulieren den Lernprozess. Wie sich herausstellte, ermöglicht gerade die freiwillige Teilnahme eine spontane und „natürliche" Kommunikation im Forum, die, sobald bestimmte Aufgaben zu erfüllen sind, von den beteiligten Studierenden nicht mehr wirklich angenommen wird.[33]

Der Output des Blended-Learning-Projekts der RLE zeigt, dass der Einsatz von Informations- und Kommunikationstechnologien als Ergänzung zum Präsenzunterricht in der Fremdsprachendidaktik und im Fremdsprachenerwerb den Lernprozess und die Motivation der Lernenden stimuliert. Grundvoraussetzung ist

[33] Aus den Evaluierungen der bisher stattgefundenen Blended-Learning-Projekte mit der RLE ist abzuleiten, dass, sobald die Lehrenden bestimmte Themen im Forum der RLE zur Diskussion stellen, die beteiligten Studierenden diese Aufgaben oft als „unnatürlich und aufgesetzt" empfinden und der Möglichkeit, gemeinsam ihre eigenen Themen zu entwickeln und damit ihren eigenen Interessen nachzugehen, den Vorzug geben.

jedoch, dass die Teilnahme an diesem Projekt für alle Studierenden aus Spanien, Japan, Israel und Österreich weitgehend freiwillig war und ist. Die Durchführung von Blended-Learning-Projekten mit interdisziplinärem und transnationalem Charakter stellt eine Bereicherung der Präsenzlehre dar, die damit an Authentizität gewinnt. Eine Standardisierung des hier vorgestellten Blended-Learning-Projekts der RLE kann sich daher nur auf die Tatsache beschränken, dass die Kommunikation während der Laufzeit des Projekts ausschließlich im Forum und unter Aufsicht der Lehrenden der einzelnen Universitäten als Ergänzung zum Präsenzunterricht stattfindet. Die Erfahrungen aus diesem Projekt ermöglichen in jedem Fall eine Rückkoppelung mit der Lehrpraxis in 1) Lehramts-Studiengängen an Universitäten im Bereich Didaktik und 2) in der Fremdsprachenlehre an Universitäten.

Bibliographie

Belz, Julie A. 2002: Social Dimensions of Telecollaborative Foreign Language Study. In: Language Learning & Technology 6/1, 60-81. http://llt.msu.edu/vol6num1/BELZ/default.html, Zugriff 14.07.2006.

Casanovas, Montserrat / Jové, Maria Carme / Tolmos, Antoni (Hrsg.) 2005: Las TIC en la formación del profesorado. La perspectiva de las didácticas específicas. Lleida: Edicions de la Universitat de Lleida (Experiències didàctiques 4).

Cruz Piñol, Mar 2002: Enseñar español en la era de Internet. Barcelona: Octaedro.

Cruz Piñol, Mar / Duque de la Torre, Aurora / Ginés Surià, Isabel / Sitman, Rosalie 1999a: Tareas virtuales. ¿Es oro todo lo que reluce en la Internet? In: Español como lengua extranjera: enfoque comunicativo y gramática. Actas del IX Congreso de ASELE, Universidad de Santiago de Compostela, 743-751.

Cruz Piñol, Mar / Ginés Surià, Isabel / Sitman, Rosalie 1999b: El valor de la experiencia: pautas para la integración de la Internet en el aula de E/LE. In: Frecuencia-L 12, 46-52.

Darhower, Mark 2002: Interactional Features of Synchronous Computer-Mediated Communication in the Intermediate L2 Class: A Sociocultural Case Study. http://social.chass.ncsu.edu/~mldarhow/Darhower_CALICO2002.pdf, Zugriff 14.07.2006.

García Asensio, Ma. Á. / González Argüello, V. / González Martínez, J. / Martínez Díaz, E. 2003: Docencia universitaria no presencial de Lengua Española a través de un foro telemático. In: IV Congreso Internacional Virtual de Educación. http://www.cibereduca.com/cive/cive2004.asp, Zugriff 14.07.2006.

García Garrido, Javier 2001: La ruta de la lengua española (una web para la enseñanza-aprendizaje del español como lengua extranjera). In: URL: http://www.larutadelalengua.com/Memoria.PDF, Zugriff 14.07.2006.

García Garrido, Javier 2002: La ruta de la lengua española. Estudio de aspectos teórico-prácticos en el desarrollo de entornos de enseñanza-aprendizaje de ELE por Internet. In: Forma. Formación de formadores 3, 9-42.

Gil Rodríguez, Eva P. 2002: Identitat I noves technologies: repensar les possibilitats d'intervenció per a la transformació social. http://www.uoc.edu/web/cat/art/uoc/gil0902/gil0902.html, Zugriff 06.03.2007.

Gutiérrez Araus, Mari Luz / López Muñoz, M.ª Eugenia 2000: Las tareas del tutor online en la formación del profesorado de ‚Español Lengua Extranjera'. In: La formación virtual en el nuevo milenio. Online Educa Madrid. http://cvc.cervantes.es/obref/formacion_virtual/formacion_continua/luz.htm, Zugriff 14.07.2006.

Kelm, Orlando R. 1992: The use of synchronous computer networks in second language instruction: A preliminary report. In: Foreign Language Annals, 25 (5), 441-454.

Kern, Richard / Warschauer, Mark 2000: Theory and practice of network-based language teaching. In: Kern, Richard / Warschauer, Mark (Hrsg.): Network-based language teaching: Concepts and practice. Nueva York: Cambridge University Press, 1-19.

Lee, Lina 2004: Learners' Perspectives On Networked Collaborative Interaction With Native Speakers Of Spanish In The US. In: Language Learning & Technology, 8/1, 83-100. http://llt.msu.edu/vol8num1/lee/default.html, Zugriff 14.07.2006.

Meskill, Carla 1999: Computers as tools for sociocollaborative language learning. In: Cameron, Keith (Hrsg.): Computer-assisted language learning (CALL): Media, design and applications. Exton, PA: Swets and Zeitlinger Publishers, 144-152.

Nutta, Joyce W. / Spector-Cohen, Elana 2002: Exploring Culture From a Distance: A U.S./Israeli E-mail Exchange Project. In: TESOL Journal 11/4, 21-26.

Pastor Cesteros, Susana 1999: Nuevas perspectivas para el desarrollo de la expresión escrita: El intercambio de correo electrónico. In: Carabela 46, 119-136.

Platten, Eva 2001: Die Bedeutung von Chats für das Fremdsprachenlernen. Universität Gießen: Diplomarbeit. http://www.uni-giessen.de/lernwiki/chatfors/index.htm, Zugriff 14.07.2006.

Shulman, Myra 2001: Developing Global Connections through Computer-Mediated Communication. In: The Internet TESL Journal, VII/6. http://iteslj.org/Articles/Shulman-CMC.html, Zugriff 14.07.2006.

Sitman, Rosalie 1998: Algunas reflexiones sobre el uso y abuso de la Internet en la enseñanza del ELE. In: Boletín de la Asociación para la Enseñanza del Español como Lengua Extranjera, 18, 7-20; Espéculo 10. http://www.ucm.es/info/especulo/numero10/sitman.html, Zugriff 14.07.2007.

Sotillo, Susana M. 2000: Discourse Functions and Syntactic Complexity In Synchronous And Asynchronous Communication. In: Language Learning & Technology, 4/1, 82-119. http://llt.msu.edu/vol4num1/sotillo, Zugriff 14.07.2007.

Tirado, Francisco J. / Gàlvez, Anna 2002: Comunitats virtuals, ciborgs i xarxes sociotècniques: noves formes per a la interacció social. In: Digithum (Revista digital d'humanitats) 4. http://www.uoc.edu/humfil/articles/cat/tiradogalvez0302/tiradogalvez0302.html, Zugriff 14.07.2007.

Trenchs, Mireia 1998: E-mails a una mestra. Correu electrònic i aprenentatge de llengües. Lleida: Pagès Editors.

Trenchs, Mireia 2001: Las aplicaciones pedagógicas del correo electrónico en las aulas de idiomas. In: Nuevas tecnologías para el aprendizaje y la didáctica de lenguas. Lleida: Milenium, 107-140.

Turkle, Sherry 1995: Life on the Screen: Identity in the Age of the Internet. New York: Simon & Schuster.

Warschauer, Mark / Whittaker, P. Fawn 1997: The Internet for English teaching: Guidelines for teachers. In: TESL Reporter, 30 (1), 27-33.

Wegerif, Rupert 1998: The Social Dimension of Asynchronous Learning Networks. In: Journal of Asynchronous Learning Networks 2/1.
http://www.aln.org/publications/jaln/v2n1/v2n1_wegerif.asp, Zugriff 14.07.2007.

Wenger, Etienne 1998: Communities of practice: Learning, meaning, and identity. New York: Cambridge University Press.

Dr. Verena Berger
Institut für Romanistik, Universität Wien
Garnisongasse 13, Hof 8
1090 Wien
e-mail: verena.berger@univie.ac.at

Dr. Mar Cruz Piñol
Departamento de Filología Hispánica
Universidad de Barcelona
Gran Via de les Corts Catalanes, 585
08007 Barcelona, Spanien
e-mail: mcruz@ub.edu

Javier García Garrido
Leiter der Wake Forest University Salamanca
C/ Las Lanchas, 8
37120 Doñinos de Salamanca
Salamanca, Spanien
e-mail: javierggarrido@gmail.com

Dr. Rosalie Sitman
Universität Tel Aviv
Department of Foreign Languages
Room 216, Webb Building
69978 Tel Aviv, Israel
e-mail: rsitman@post.tau.ac.il

Angelika Rieder-Bünemann

eLearning im Fachdidaktik-Unterricht: Mehrwert oder Mehrarbeit?

1 Einleitung

Die Integration neuer Technologien ist aus modernen Ausbildungen nicht mehr wegzudenken. Seit längerem wird daher an Universitäten der Einsatz von eLearning in der Lehre propagiert. So steht etwa an der Universität Wien seit Anfang des Studienjahres 2004/05 den Lehrenden die Plattform WebCT Vista inklusive technisch-didaktischer Unterstützung für die Konzeption und Abhaltung eLearning-gestützter Veranstaltungen zur Verfügung. Die Überlegungen und Erkenntnisse dieses Artikels beziehen sich auf einen Kurs der SprachlehrerInnen-Ausbildung an der Universität Wien, der mit der obigen eLearning-Plattform unterstützt wurde:[34] In der Fachdidaktik-Komponente der Ausbildung für EnglischlehrerInnen auf der Sekundarstufe wurde über mehrere Semester ein Kurstyp mit eLearning-Unterstützung und reduzierten Anwesenheitsstunden abgehalten, während in einigen Semestern parallel ein ‚traditioneller' Anwesenheits-Kurs lief. Die folgenden Kapitel sollen einerseits eine Beschreibung der Konzeption dieses speziellen eLearning-Kurstyps und der zugrunde liegenden didaktischen Modelle liefern, und andererseits – wie der etwas provokativ formulierte Titel nahe legt – die Vorteile und zusätzlichen Dimensionen aufzeigen, die die Integrierung der neuen Technologien in diesem Szenario bietet, während gleichzeitig Nachteile wie zusätzlicher Arbeitsaufwand, technische Hindernisse oder Ähnliches kritisch im Auge behalten werden.

---

[34] Zur Notwendigkeit, Informations- und Kommunikationstechnologien in der LehrerInnenausbildung allgemein bzw. in der FremdsprachenlehrerInnenausbildung im Speziellen zu integrieren, siehe auch Vetter in diesem Band.

2 Beschreibung des Lehrveranstaltungs-Designs

2.1 Zielgruppe und Lehrveranstaltungstyp

Beim beschriebenen Lehrveranstaltungstyp handelt es sich um einen themenspezifischen Fachdidaktik-Kurs (‚Vocabulary in Language Teaching'), der für Anglistik-Lehramtsstudierende im 2. Studienabschnitt verpflichtend ist. Es gibt bei dieser Kurskategorie allerdings Wahlmöglichkeiten, sodass anzunehmen ist, dass die Studierenden, die sich für diesen speziellen Kurs entscheiden, dies aus bestimmten Beweggründen tun, z.B. weil sie sich für die Kursthematik oder für die eLearning-Komponente interessieren oder schlichtweg weil der Kurs zu einer passenden Zeit stattfindet. Da die Zielgruppe Studierende im 2. Abschnitt sind, kann man ihrem Studienfortschritt entsprechend bereits Kompetenz beim Umgang mit dem Computer/Internet voraussetzen. Wie die Fragebogenerhebung ergab, verfügte auch fast die Hälfte der KursteilnehmerInnen bereits über Erfahrungen mit eLearning[35], sodass es bei der Einführung und Handhabung der eLearning-Komponente keine grundlegenden Probleme gab.

Ein entscheidender Vorteil der hier besprochenen Veranstaltung in Bezug auf den eLearning-spezifischen Arbeitsaufwand ist, dass es sich dabei um eine Übung mit beschränkter TeilnehmerInnenzahl (maximal 20 Studierende) handelt. Dadurch konnten verschiedene interaktive eLearning-Komponenten in den Kurs eingebunden werden, ohne dass die Fülle der Beiträge zu unüberschaubar und deren Bearbeitung allzu zeitraubend wurde. Entsprechend war die eLearning-Kurskomponente auch ein zentraler Bestandteil des Kurses (und nicht nur ein optionaler Zusatz), und die eLearning-Beiträge wurden in die Endbeurteilung miteinbezogen. Während aus Erfahrung mit anderen Kursen bei optionalen eLearning-Komponenten und großen Kursgruppen in der Regel wenig Echo von Studierendenseite zu erwarten ist, war unter den obigen Bedingungen die Beteiligung erwartungsgemäß hoch.

Was den Lehr-/Lernkontext des besprochenen Kurses betrifft, so handelte es sich um ein Blended-Learning-Szenario, bei dem Präsenzphasen und Online-Phasen abwechselten.[36] Während im traditionellen Kurs wöchentliche Präsenzphasen stattfanden, gab es im eLearning-Kurs eine reduzierte Anzahl von Präsenzstunden. Der genaue Kursaufbau wird im folgenden Kapitel näher beschrieben.

---

[35] Für Details zu Einstellungen und Erfahrungen der KursteilnehmerInnen siehe Kapitel 4.3.

[36] Der Begriff Blended Learning wird hier im Sinne von ‚Verbundlernen' (vgl. Boeckmann in diesem Band) verwendet, um die Integration von Online- und Face-to-face-Lernformen zu bezeichnen. Für nähere Ausführungen zur Begrifflichkeit siehe auch Vetter in diesem Band.

2.2 Aufbau und didaktisches Modell der Lehrveranstaltung

Wie oben beschrieben war der eLearning-Kurs als Blended-Learning-Szenario mit abwechselnden Präsenz- und Online-Phasen konzipiert. In der ersten Kursstunde erhielten die Studierenden eine Einführung in den Kursaufbau und die Funktionalitäten der eLearning-Komponente (vgl. Abb.1: Übersichtsseite der Komponente).

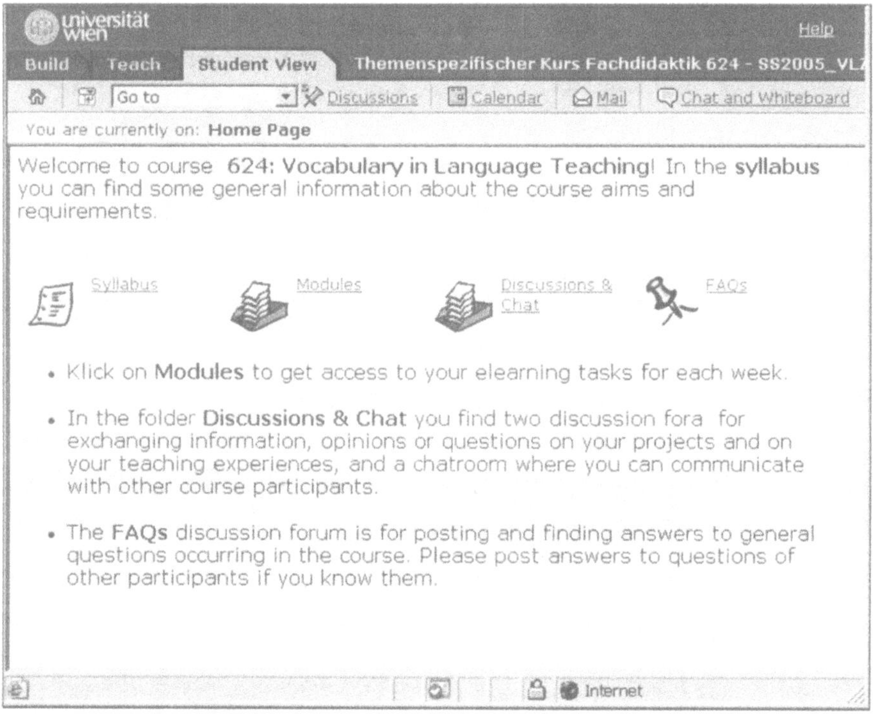

Abbildung 1: Übersichtsseite der eLearning-Komponente

Zwischen zwei Präsenzstunden fand stets eine eLearning-Sitzung statt, bei der mittels eLearning-Aufgaben Inhalte für die folgende Präsenzphase erarbeitet und reflektiert werden sollten (für ein Beispiel einer eLearning-Sitzung siehe Abb.2).

Die jeweiligen Aufgabenstellungen erforderten einerseits die individuelle Beantwortung von Online-Aufgaben (so genannten *assignments*, siehe Abb.3), andererseits die Teilnahme an themenspezifischen Diskussionsforen, in denen die Studierenden ihre Meinung oder den persönlichen Zugang zur Thematik austauschen sollten. Thematische Grundlagen für diese Aufgaben waren jeweils die für die nächste Präsenzstunde im Kursbuch zu lesenden Kapitel.

Abbildung 2: eLearning-Sitzung 2 – Aufgabenstellung

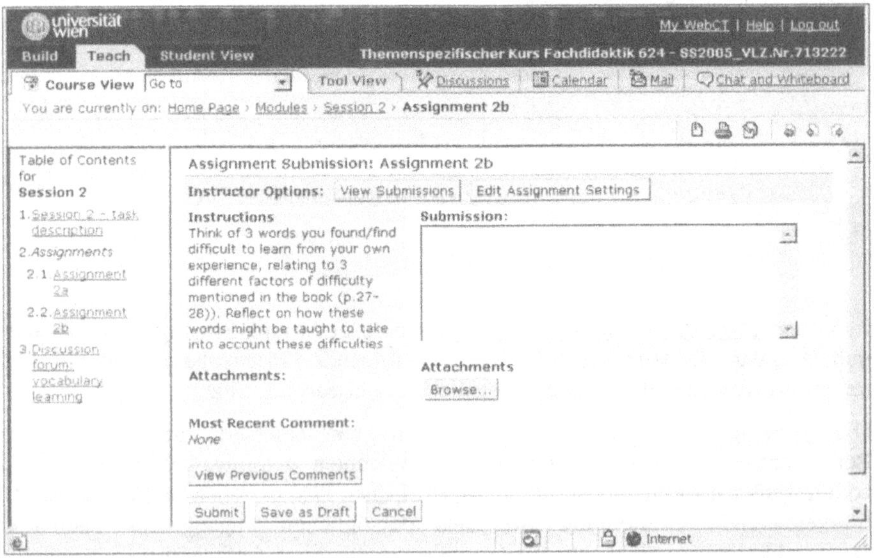

Abbildung 3: Assignment

Die Ergebnisse der Diskussionsbeiträge und die Antworten der Studierenden auf die Online-Aufgaben wurden dann in der folgenden Präsenzphase aufgegriffen und in die Diskussion integriert, indem etwa passend zu den gegebenen Antworten Gruppen gebildet wurden oder die Beiträge von der Lehrenden thematisch gebündelt und kurz präsentiert wurden, und die Studierenden diese danach kommentierten und diskutierten. Dadurch ergab sich im Vergleich zum traditionellen Kurstyp, in dem zwar Aufgabenstellungen gegeben wurden, aber sämtliche Diskussionsbeiträge und Reflexionen erst in den Präsenzphasen formuliert wurden, eine grundlegend andere Dynamik. Die themenspezifischen Diskussionsforen, die als Vorbereitung der Enddiskussion in der folgenden Präsenzphase dienten, waren nur während der jeweiligen eLearning-Sitzung offen und wurden danach gesperrt, sodass die Foren eingesehen werden konnten, aber keine Beiträge mehr geschrieben werden konnten.[37] Einige allgemeinere optionale Diskussionsforen liefen auch über die gesamte Kursdauer (siehe Abb.1: Discussions and Chat, FAQs); diese wurden aber im Gegensatz zu den themenspezifischen Foren, die als Teil der Aufgabenstellungen verpflichtend waren, in der Regel kaum frequentiert und wiesen entsprechend wenige Einträge und Interaktionen auf.

Um nicht nur das individuelle Arbeiten sondern auch Gruppenarbeit in die Online-Phasen zu integrieren, war eine der Online-Aufgaben als Gruppen-*assignment* angelegt, bei der die Studierenden in Vierergruppen eingeteilt wurden und gemeinsam eine Fragestellung erarbeiten und ein Gruppenergebnis abgeben sollten. Im eLearning-Kurs hatten sie dazu zwei Wochen Zeit (in der folgenden Woche gab es also keine Präsenzphase) und sollten sich mittels der Plattform organisieren, austauschen und zu einem Ergebnis kommen. Dazu wurden jeder Gruppe eigene Chatrooms und Diskussionsforen zur Verfügung gestellt, die nur für die jeweiligen Gruppenmitglieder zugänglich waren (siehe Abb. 4). Im traditionellen Kurs wurde die Gruppenarbeit hingegen innerhalb einer Kursstunde durchgeführt.

Das Szenario des eLearning-Kurses ist inklusive Abfolge der Präsenzphasen, Online-Phasen und Stundenreduktion in Abb. 5 schematisch dargestellt. In den letzten Stunden beider Kursformen wurden jeweils in geblockten Face-to-face-Sitzungen themenspezifische Projektarbeiten präsentiert, die einzeln oder paarweise von den Studierenden zu bearbeiten und am Kursende in schriftlicher Form abzugeben waren. Im eLearning-Kurs wurde die Reduktion von zwei Präsenzphasen am Kursende in Form einer zweiwöchigen Pause realisiert (siehe Abb. 5), um den Studierenden Zeit zur Ausarbeitung ihrer Projekte zu geben. Ein

---

[37] Die Sperrung dieser Foren war auch aus administrativen Gründen hilfreich, um nachträglich für die Kursbeurteilung schnell überprüfen zu können, wer sich zeitgerecht an den Diskussionen beteiligt hatte.

zusätzlicher Vorteil der eLearning-Plattform bestand darin, dass die Projektarbeiten allen anderen Studierenden auf der Plattform online zugänglich gemacht werden konnten.

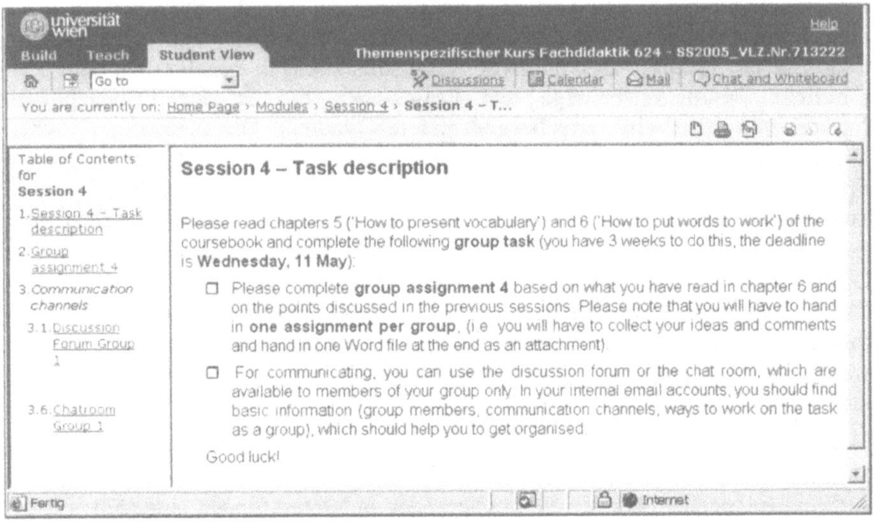

Abbildung 4: Gruppen-*assignment*

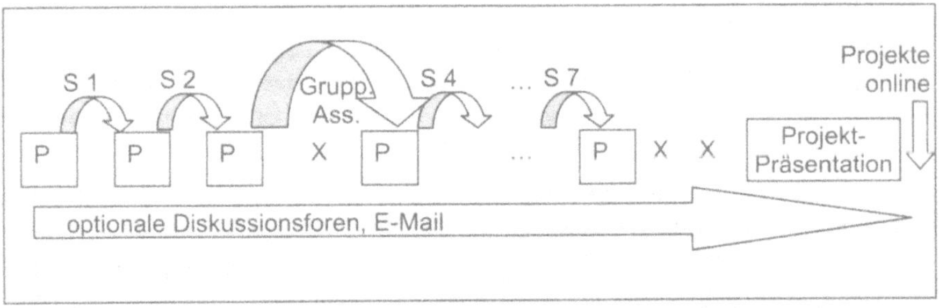

Abbildung 5: Ablauf des eLearning-Kurses
(P...Präsenzphase, X...entfallene Präsenzphase, S...eLearning-Sitzung, Grupp. Ass...Gruppen-*assignment*))

Was die Leitfunktion der eLearning-Komponente im oben beschriebenen Kurs betrifft, so bestand diese einerseits darin, dass sie die Distribution von Materialien und Aufgaben an die Studierenden bzw. zurück an die Lehrende gewährleistete, und andererseits darin, dass dadurch zusätzliche Interaktionsmöglichkeiten geschaffen wurden (Lehrende-Studierende bei Online-Aufgaben, Studierende untereinander bei Diskussionsforen, allgemeine Interaktionsmöglichkeit per interner E-Mail). Weiters wurde durch die Plattform auch die Kollaboration von Studierenden im Gruppen-*assignment* für die gemeinsame Bearbeitung einer Aufgabenstellung ermöglicht.[38]

Entsprechend wurden auch die Lehr-/Lernprozesse durch die eLearning-Plattform unterstützt: den Studierenden standen bereitgestellte Inhalte zur Verfügung, und es waren entsprechende Werkzeuge zur Kommunikation und Aufgabenbearbeitung vorhanden. Gleichzeitig ermöglichtes es WebCT der Lehrenden, eine entsprechende Kursoberfläche mit Diskussionsforen, Aufgaben, etc. und den entsprechenden Hierarchien zu gestalten, und durch Funktionen wie den integrierten Kalender, die Deadline-Funktion für Aufgaben etc. konnten auch der Lehrveranstaltungsablauf, die Materialbereitstellung, Termine und Ähnliches administriert werden.

Das didaktische Modell der eLearning-Komponente der Veranstaltung lässt sich am besten in Anlehnung an die drei Dimensionen (Lehr-/Lernebene, soziale Organisationsform, Handlungsebene) des Modells von Baumgartner 2003 beschreiben.

Im Hinblick auf die *Lehr-/Lernebene* verläuft der Umgang mit der Plattform gemäß den fünf Phasen des Erlernens von eLearning-Prozessen (Salmon 2000). Zunächst wird den KursteilnehmerInnen der *Zugang* zur eLearning-Komponente mittels anfänglicher Einführung durch die Veranstaltungsleiterin in die Funktionalität der Plattform im Computerraum ermöglicht. Die *Motivation* zur Nutzung der eLearning-Komponenten ist teils bereits vor Kursbeginn durch das bestehende eLearning-Interesse der Studierenden gegeben (die eLearning-Unterstützung des Kurses wurde im Vorlesungsverzeichnis angekündigt), und bei der Einführung wurden Neugier bzw. Interesse erfahrungsgemäß zusätzlich geweckt. Gleichzeitig wurde durch die Einbeziehung der eLearning-Leistung in die Benotung zumindest instrumentelle Motivation zur Nutzung der eLearning-Komponente generiert. Diese Maßnahme sollte sicherstellen, dass Qualität und Quantität der eLearning-Beiträge substantiell genug waren, um eine ausreichende Basis für die Integrierung der Beiträge in die Präsenzphasen zu bilden. Die *Online-Sozialisierung* erfolgte einerseits in einer eLearning-Testsitzung, die die Studierenden im Computerraum unter Anleitung absolvierten, andererseits in einer ersten eLearning-Sitzung, die bis zur nächsten Anwesenheitsstunde

[38] In der Praxis zeigte sich jedoch, dass einige Studierendengruppen nicht die Plattform benutzten, sondern sich z.B. per Telefon kontaktierten und/oder sich für die Bearbeitung des Gruppen-*assignments* persönlich trafen. Hier erschien diesen Gruppen im Rahmen einer Präsenzveranstaltung die virtuelle Kontaktierung anscheinend etwas künstlich und umständlich, sodass sie konventionelle Bearbeitungsmethoden bevorzugten.

selbständig zu absolvieren war. *Informationsaustausch* und *Wissenkonstruktion* wurden durch die regelmäßigen Diskussionsforen zu den gelesenen Textpassagen sowie durch die gezielten Aufgabenstellungen zu den Teilgebieten gesichert, deren Ergebnisse wiederum in die Präsenzphasen einflossen und dort aufgegriffen und weiterbehandelt wurden. Schließlich wurde durch das Gruppen-*assignment* auch die letzte Stufe der *Selbstorganisation* der Lernerfahrungen erreicht.

Was die Ebene der *sozialen Organisationsform* der beschriebenen Veranstaltung betrifft, so kann diese in Anlehnung an Mason 1998 als 'Wrap Around Model' bezeichnet werden: die eLearning-Komponente bildet hier nicht die zentrale Kurseinheit (wie dies z.B. in Kursen der Fall ist, die komplett online verlaufen), sondern der Unterricht basiert nach wie vor grundlegend auf traditionellen Materialien (z.B. dem Kursbuch oder ausgewählten Kapiteln in anderen Büchern). Rundherum wird jedoch eine interaktive eLearning-Umgebung mit Arbeitsplan, Übungen, Austausch und (Gruppen-)Aufgaben geschaffen. Zentrum der Aktivitäten bleibt nach wie vor der Präsenzunterricht im Klassenzimmer, in den die Ergebnisse der Online-Aufgaben bzw. Diskussionsbeiträge integriert werden.

Die *Handlungsebenen* des eLearnings, auf denen im Kurs agiert wird, lassen sich nach Baumgartner 2003 am ehesten beschreiben als *Nachahmen* und *Anwenden* erworbenen Wissens (Stufe 2) sowie *Entscheiden* und *Auswählen* relevanter Aspekte (Stufe 3) im Rahmen von Aufgabenstellungen und Diskussionen.

3 Fragestellungen und Hypothesen

Für eine Bewertung des Mehrwerts des oben erläuterten eLearning-Szenarios ergeben sich interessante Forschungsfragen auf mehreren Ebenen. Folgende Perspektiven sind dabei von Interesse:

- Die *Kursperspektive*: Was sind die spezifischen Möglichkeiten (und Grenzen) der eLearning Komponente? Wie unterscheiden sich Abläufe, Dynamik und Ergebnisse in eLearning-Kurs und traditionellem Kurs?
- Die *Lehrendenperspektive*: wie hoch ist der Mehraufwand bei der Vor- und Nachbereitung der eLearning Kurskomponente? Wie problematisch ist der Umgang mit administrativen und technischen Hürden? Wie verändert sich die Lehrendenrolle im eLearning-Kurs?
- Die *Studierendenperspektive*: Welche Einstellungen und Reaktionen der Studierenden werden im eLearning-Kurs beobachtet, inklusive (wahrgenommenem) Arbeitsaufwand, Kurstypevaluation, Einschätzung des „Ertrages", etc.?

Was Hypothesen zu den obigen Fragestellungen betrifft, so wird im Hinblick auf die im Titel formulierte Frage angenommen, dass sich der *Mehrwert* der eLearning-Komponente in folgenden Aspekten bemerkbar macht:

- Durch den Einsatz der eLearning-Plattform und die geschaffenen Möglichkeiten des Austausches (Forum, E-Mail) bzw. die Aufgabenstellungen (assignments) wird einerseits mehr und kontinuierlicheres inhaltliches Arbeiten und dadurch eine bessere Assimilation der besprochenen Inhalte angeregt (Biesenbach-Lucas 2003).
- Durch die eLearning-Tools wird im Vergleich zum traditionellen Kurs ein größerer Grad an *Interaktivität* zwischen den Studierenden gefördert (Arnold & Ducate 2006)
- Durch die asynchrone Diskussion in den eLearning-Foren wird ein höherer *Reflexionsgrad* erreicht als in der dynamischen Klassendiskussion (Lamy & Goodfellow 1999, Liou 2001).

Diesem Mehrwert steht wiederum das Manko der *Mehrarbeit* entgegen, die diese Kursform für alle Beteiligten bedeutet:

- Mehrarbeit für Lehrende (Konzeption, Materialerstellung, Einführung der Studierenden in Funktionalität, Betreuung der Plattform, Verarbeitung von Studierendenbeiträgen, etc.),
- Mehrarbeit für Studierende (Mehrarbeit durch Probleme bei der Handhabung der eLearning-Tools, Verfassen und Lesen von Forumsbeiträgen, Bearbeiten von Aufgabenstellungen, etc.),
- technische Probleme, die den Arbeitsaufwand nicht unwesentlich erhöhen und den reibungslosen Kursablauf erschweren.

Wie diese 'Mehrwert vs. Mehrarbeit'-Abschätzung im Endeffekt ausfällt, soll in der abschließenden Diskussion geklärt werden.

4 Ergebnisse

4.1 Kursperspektive

Vergleicht man den Ablauf des eLearning-Kurses mit dem des traditionellen Kurses, so fällt zunächst auf, dass beim eLearning-Kurs eine gewisse Eingewöhnungszeit nötig war, bis die Abläufe reibungslos funktionierten. Probleme und Verzögerungen, die typischerweise in den ersten Wochen auftauchten, wurden bedingt durch Studierende, die noch kein Benutzerkonto hatten, Abwesenheiten in der Einführungsstunde, sowie durch Eingewöhnungsprobleme mit der Handhabung der Plattform und mit der Einhaltung der

Einreichfrist für Online-Aufgaben und Diskussionsbeiträge. Der traditionelle Kurs hingegen, bei dem die Studierenden die Abläufe von Präsenzphasen und vorbereitenden Lektüreaufgaben bereits aus anderen Kursen gewohnt waren, lief anfangs wesentlich reibungsloser ab.

Ein anderer Punkt der auffiel war, dass im traditionellen Kurs durch die höhere Anzahl von Präsenzphasen die Zusammenarbeit und Gruppendynamik einen anderen Charakter hatte. Dadurch dass die Studierenden sich nur in den Präsenzstunden über die Thematik austauschten, fanden Diskussionen und gemeinsame Reflexion während der Stunden statt. Diese kamen anfangs jedoch oft nur schleppend in Gang, da oft erst eine thematische Grundlage geschaffen werden musste. Dies war eventuell darauf zurückzuführen, dass sich die TeilnehmerInnen im traditionellen Kurs nicht so gründlich vorbereitet hatten wie die Studierenden des eLearning-Kurses, die ja bereits vor der Stunde verschiedene Online-Beiträge zur Thematik abgegeben hatten. Durch die Verlagerung in die Online-Phasen kam zwar z.B. in den Diskussionsforen keine Diskussion der ganzen Gruppe zustande (die Diskussionsbeiträge in den Foren waren, falls sie beantwortet wurden, in der Regel höchstens Dialoge zwischen 2-3 Personen), diese Diskussion wurde aber bei der Einbeziehung der Beiträge durch die Lehrende in der nächsten Präsenzphase oft spontaner in Gang gesetzt. Insgesamt schien der Präsenzunterricht im traditionellen Kurs 'langsamer' zu verlaufen und die Gruppendynamik in den Kursen war entsprechend unterschiedlich.[39]

Ein weiterer Unterschied ergab sich auch in Bezug auf die Beurteilung der Kursleistung. Während im traditionellen Kurs der Fokus der Beurteilung klar auf der Endleistung (eingereichte Projektarbeit) lag, stellten im eLearning-Kurs neben der Projektarbeit auch die eLearning-Beiträge während des Semesters zentrale Kursleistungen dar. Das Engagement der Studierenden während des Kurses schien vielleicht nicht zuletzt aus diesem Grund im eLearning-Kurs größer zu sein als im traditionellen Kurs, da von Anfang an klar war, dass die eLearning-Beiträge in die Kursnote einfließen würden. Durch die vielen eLearning-Aufgaben, die Teil des Kurses waren, war die individuelle Eigenleistung der TeilnehmerInnen in diesem Kurs auch entsprechend höher.

[39] Trotz der reduzierten Zahl an Präsenzstunden im eLearning-Kurs hatten die Studierenden dort interessanterweise den Eindruck, einander durch die Diskussionsforen besser kennenzulernen (siehe Kapitel 4.3)

Die eLearning-Komponente des Kurses wirkte sich nicht zuletzt auch auf die soziale Interaktionsebene aus: insgesamt schien sowohl der Kontakt der Studierenden untereinander als Gruppe als auch der Kontakt zwischen Studierenden und Lehrender durch den Online-Austausch zwischen Einzelpersonen in der eLearning-Kursform tendenziell intensiver zu sein als im traditionellen Kurs.[40]

Abschließend noch eine kurze Zusammenfassung des Vergleichs aus der Kursperspektive:

KURSPERSPEKTIVE	
Traditioneller Kurs	**eLearning-Kurs**
▪ Gewohnte Abläufe	▪ Eingewöhnungszeit
▪ Mehr Präsenzphasen	▪ Weniger Präsenzphasen
▪ Mehr Face-to-face-Gruppenarbeit / Diskussion	▪ Mehr eigenständige individuelle Leistung, mehr Reflexion
▪ Oft schleppende Diskussion in Stunde	▪ Spontane Diskussion in Stunde
▪ Beurteilungsfokus auf Endleistung	▪ Beurteilungsfokus verteilt
▪ Begrenzte Interaktivität	▪ Mehr Interaktivität (S-S, S-L)

4.2 Lehrendenperspektive

Was die Lehrendenperspektive betrifft, so ist als größter Nachteil des eLearning-Kurses zweifelsohne der zeitliche Mehraufwand für die Erstellung, Administration und Integrierung der eLearning-Komponente zu nennen, der im Schnitt für den beschriebenen Kurs mindestens 2-3 Stunden pro Woche ausmachte. Waren die Materialien einmal erstellt, so reduzierte sich der Aufwand für die Nachfolgekurse etwas, da die Plattform die Übernahme von erstellten Kursschablonen für Folgekurse ermöglicht. Allerdings nahmen Kursadministration, Modifikation der Materialien, Neusetzen der Einreichungsfristen etc. weiterhin einige Zeit in Anspruch, und der Zeitaufwand für die Durchsicht, Rückmeldung zu und Aufbereitung von Online-Beiträgen für die folgende Präsenzphase blieb natürlich weiter bestehen. Insgesamt ist der zeitliche Mehraufwand für Lehrende also auch bei der Weiterführung eines bestehenden Kurses ein entscheidender Faktor.

Ein weiteres Manko bei der Abhaltung des eLearning-Kurses waren aus der Lehrendensicht technische Probleme wie Computerabstürze, Schwierigkeiten mit

[40] Eine Intensivierung der Interaktion zwischen Studierenden und Lehrveranstaltungsleiterin stellt auch Vetter (in diesem Band) fest.

der Plattform oder Hilferufe von Studierenden, die sich nicht einloggen oder ihre Online-Aufgaben nicht abschicken konnten etc. All diese 'Stolpersteine' führen zu beträchtlichem Mehraufwand und Verzögerungen bei der Vorbereitung, Administration und Abhaltung des Kurses. Auch vereinzelte administrative Probleme traten auf, wie typischerweise Probleme bei der Registrierung von Studierenden für die Plattform, da manche von ihnen nicht über das erforderliche Benutzerkonto verfügten. Weiters kam es vereinzelt zu Freigabefehlern, die durch die recht komplexe Architektur der Plattform bedingt waren und so manches praktische Erschwernis darstellten: So führte etwa einmal ein zu spät entsperrtes Diskussionsforum (Diskussionsforen wurden von Seiten der Plattform prinzipiell bei Übernahme einer Schablone aus einem früheren Semester gesperrt übernommen und mussten erst einzeln entsperrt werden) dazu, dass dieses Forum vor Beginn der nächsten Präsenzphase zu wenige Einträge aufwies, um eine solide Ausgangsbasis für eine Klassendiskussion darzustellen, oder eine Online-Aufgabe mit einem falsch eingegebenen Abgabetermin schien bei den Studierenden als bereits versäumt auf, obwohl die Frist noch nicht abgelaufen war, und konnte daher nicht abgegeben werden. Für diesbezüglichen Informationsaustausch zwischen Studierenden und Lehrender erwies sich zwar das interne E-Mail-System als recht nützlich, um solche Fehler zügig zu beheben, doch war der E-Mail-Verkehr entsprechend zeitaufwändig.

Was den Zeitaufwand bei der Auswertung der Online-Beiträge betrifft, so hat diese Arbeit aus der Lehrendenperspektive generell den entscheidenden Vorteil, dass man wesentlich bessere Einblicke in die individuellen Reflexionsprozesse bekommt, die auf Seiten der Studierenden ablaufen. Man hat einerseits die Chance, die inhaltliche Auseinandersetzung mit der Thematik zu verfolgen und dazu Rückmeldung zu geben, und andererseits die Gelegenheit, die Teilnehmer-Innen persönlich besser kennen zu lernen, da man durch die zahlreichen Online-Verbalisierungen ein komplexeres Bild der Einzelpersonen bekommt und die Gelegenheit hat, sich mit ihnen auszutauschen. Gleichzeitig muss betont werden, dass der Arbeitsaufwand für die Betreuung der Online-Beiträge nur im Rahmen der begrenzten TeilnehmerInnenzahl vertretbar war und bei größeren Kursen eine solche Arbeitsweise viel zu aufwändig wäre.

Ein weiterer Faktor aus der Lehrendenperspektive ist die Tatsache, dass sich die Rolle der Lehrenden beim eLearning-Kurs durch die ausführlichere autonome Beschäftigung der Studierenden mit der Thematik in den Online-Phasen ändert. Der/die Lehrende tritt zunehmend mehr als TutorIn (beobachtend, helfend) und Coach (betreuend, kooperierend) auf (Baumgartner 2003), während im traditionellen Kurs die Lehrende zu einem größere Teil noch ein "Transfermedium" (vermittelnd, erklärend) darstellt. Dieser Funktionswechsel ist nicht zuletzt auch im Hinblick auf die Entwicklungen in modernen Unterrichtsansätzen zu begrüßen, in denen Lernerautonomie und die Individualisierung des Lernprozesses zunehmend zentrale Elemente sind. Somit ist auch hier durch die größere Selbständigkeit der TeilnehmerInnen ein entscheidender Unterschied bei beiden Kurstypen für Lehrende zu erkennen.

Abschließend noch einmal die Vor- und Nachteile des eLearning-Modus aus Lehrendensicht im Vergleich:

LEHRENDENPERSPEKTIVE	
Nachteile eLearning	**Vorteile eLearning**
▪ ca. 2-3 Stunden Mehraufwand pro Woche im Vergleich zu traditionellem Kurs ▪ Technische Probleme (Login, Kursbearbeitung, Studierende) ▪ Administrative Probleme (Registrierung, Zugang, etc.)	▪ Geringerer Mehraufwand bei Nachfolgekursen (Inhalte übertragbar) ▪ Mehr Einblick in individuelle Reflexionsprozesse ▪ Mehr Austausch, Kommunikation ▪ Lehrende(r) eher Tutor / Coach als Transfermedium

4.3 Studierendenperspektive

Für die Erfassung der Studierendenperspektive wurden über 3 Semester in insgesamt 4 Kursen in der ersten Stunde sowie in der letzten Stunde der Veranstaltung Fragebögen ausgegeben (siehe Anhang). Die Befragung zu Beginn des Kurses erfasste alle 63 Studierenden, die sich für den Kurs angemeldet hatten; bei der Befragung am Kursende konnten leider wegen Ausfällen bzw. Abwesenheit nicht alle Studierenden erreicht werden, wodurch sich der Fragebogenrücklauf hier auf 70% (44) der ursprünglich befragten Personen reduzierte. Die KursteilnehmerInnen waren Studierende vom 5. Studiensemester aufwärts, der Großteil befand sich während des Kurses im 6. bis 8. Semester. Ausgewählte Ergebnisse der Datenerhebung sollen hier präsentiert werden.

Wie durch den fortgeschrittenen Studienverlauf der TeilnehmerInnen anzunehmen war, verfügten die KursteilnehmerInnen über gute Computer-Kenntnisse. In allen Kursen besaßen fast alle Studierenden, die sich für den Kurs angemeldet hatten, zu Hause einen eigenen Computer (92%), und erstaunlicherweise hatte auch durchwegs etwa die Hälfte der KursteilnehmerInnen (46%) bereits in anderen Kursen Erfahrungen mit eLearning gemacht.

Die große eLearning-Erfahrung der TeilnehmerInnen würde vermuten lassen, dass sich viele Studierende aus Interesse an der eLearning-Komponente für den beschriebenen Kurs angemeldet hatten. Tatsächlich gab aber über die Hälfte der Studierenden an, sich für diesen Kurs lediglich angemeldet zu haben, weil die Kurszeit für sie passend war (siehe Abb. 6), bei 31% war der Grund Interesse an eLearning und nur 17% hatten andere Gründe wie z.B. die Thematik des Kurses. Bei den teilnehmenden Studierenden handelte es sich also keineswegs nur um ausgewählte eLearning- bzw. Thematik-Interessierte.

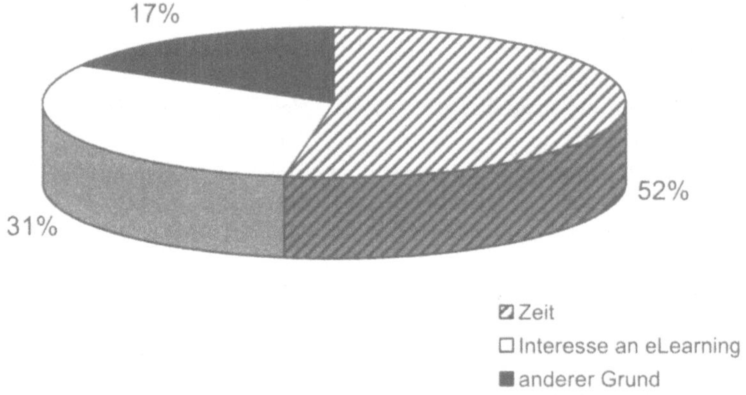

Abbildung 6: Grund für Kurswahl

Ebenfalls erfragt wurde vor Kursbeginn die Einstellung der TeilnehmerInnen zu eLearning. Diese war insgesamt unter den Studierenden zwar kritisch aber prinzipiell positiv (siehe Abb. 7): 10% hatten eine durchwegs positive Einstellung, fast die Hälfte gab an, eine positiv-kritische Einstellung zu haben, und die anderen Angaben verteilten sich großteils auf neutrale Einstellungen bzw. einen kleinen Anteil von Skeptikern. Niemand gab an, eine negative Einstellung zu haben.

Um eventuelle Auswirkungen der eLearning-Erfahrungen im besuchten Kurs zu erfragen, wurden die Studierenden nach Kursende gefragt, wie sie nun den eLearning-Modus im Vergleich zum traditionellen Kursmodus beurteilen würden. Hier gab die Mehrheit der Studierenden (64%) an, keine Präferenz zu haben (siehe Abb. 8), und je 18% gaben an, den eLearning-Modus bzw. den traditionellen Modus vorzuziehen. Für eine spezifische Bestimmung der Präferenz bei künftigen Kursen würde im Einzelfall natürlich der spezielle Kurstyp eine Rolle spielen; dies wurde in den Kommentaren auch angemerkt.

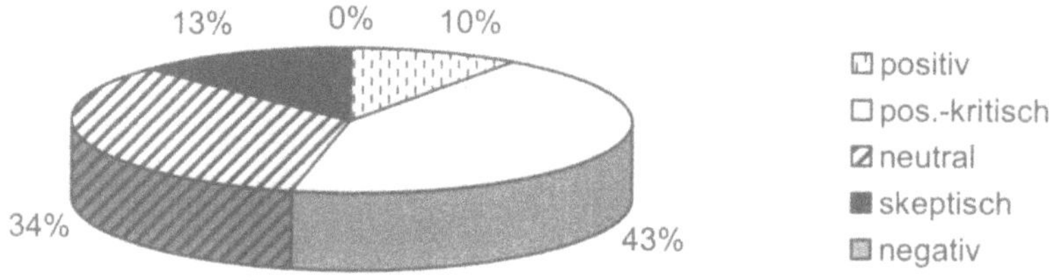

Abbildung 7: Einstellung zu eLearning

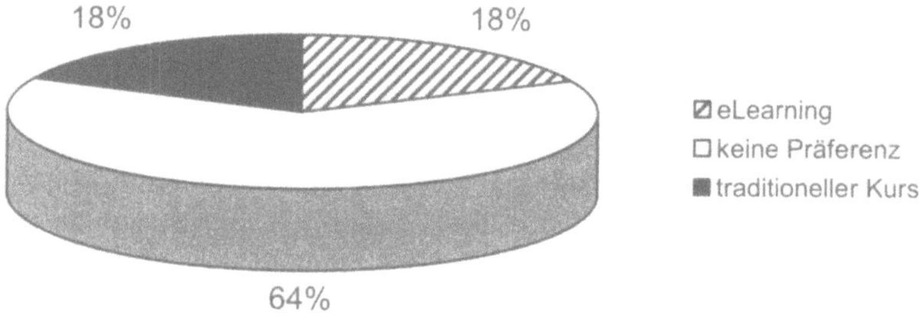

Abbildung 8: Kurspräferenz (eLearning vs. traditionell)

Interessante Rückmeldungen gab es auch bei der Einschätzung, ob die eLearning-Komponente einen Mehrwert für den fraglichen Kurs bedeute. Die Meinung der Studierenden hierzu wurde sowohl vor als auch nach dem Kurs erfragt. Im Großen und Ganzen war sowohl vor als auch nach dem Kurs die Mehrheit der Studierenden davon überzeugt, dass die eLearning-Komponente für den gewählten Kurs einen Mehrwert darstelle (siehe Abb. 9). Spezifiziert wurde der Mehrwert als neue Lernform / Unterrichtsmethode, Kennenlernen neuer Medien, sowie Abwechslung und Möglichkeit zum Informationsaustausch. Interessant war hier jedoch, dass vor dem Kurs mehr Studierende vom Mehrwert überzeugt waren (89%) als nach dem Kurs (77%). Hier waren offensichtlich einige TeilnehmerInnen nach dem Kurs etwas skeptischer geworden.

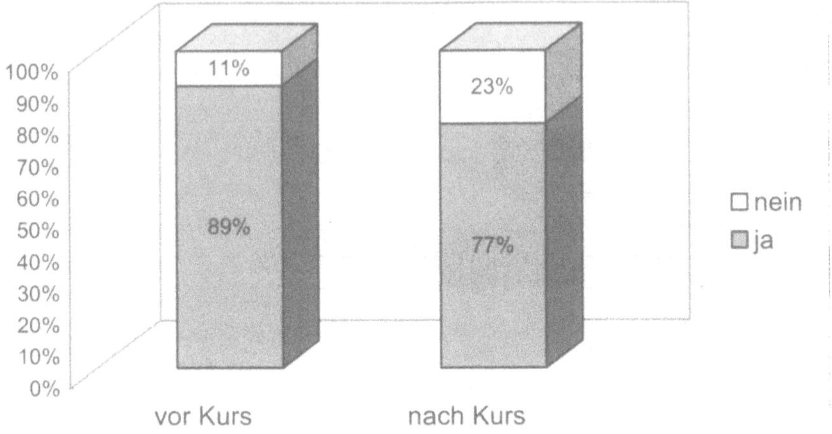

Abbildung 9: Mehrwert für Kurs durch eLearning

Ein weiterer Punkt, der vor und nach dem Kurs abgefragt wurde, war die Einschätzung des Arbeitsaufwandes für den eLearning-Kurs. Vor Beginn des Kurses war mehr als die Hälfte der Studierenden der Meinung, dass die eLearning-Komponente für den Kurs keinen Unterschied im Arbeitsaufwand machen würde (siehe Abb. 10). Nach Ende des Kurses hatte sich das Verhältnis umgekehrt. 59% waren nun der Meinung, der Kurs sei durch eLearning arbeitsaufwändiger gewesen. Das heißt, dass die Mehrheit fand, die eLearning-Komponente hatte ihnen zusätzliche Arbeit verursacht. Dies wurde jedoch von den meisten nicht als negativ beurteilt: von der Gruppe, die den Kurs arbeitsaufwändiger fand, waren nämlich 84% der Meinung, dass der Mehraufwand durch eLearning gerechtfertigt war (dies wurde in einer Folgefrage erhoben). Offensichtlich waren die Studierenden bereit, für den Nutzen, den sie von der Komponente hatten, mehr zu investieren.

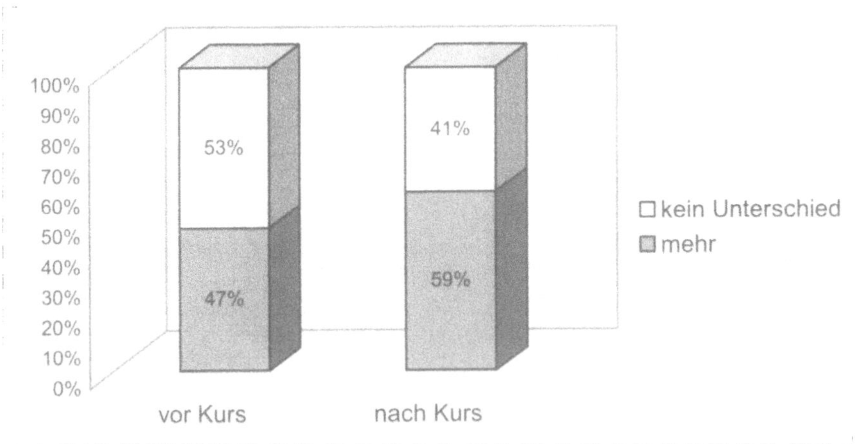

Abbildung 10: Einschätzung des Arbeitsaufwandes durch eLearning

Ein weiteres interessantes Ergebnis der Fragebogenerhebung war die Ansicht der Studierenden bezüglich des Einflusses des eLearning-Modus mit reduzierten Anwesenheitsstunden auf die Kommunikation und die inhaltliche Kursarbeit. Auch diese Einschätzung wurde vor und nach dem Kurs erfragt und zeigte eine interessante Entwicklung.

Bezüglich der Kommunikation war vor dem Kurs zwar fast die Hälfte der TeilnehmerInnen der Meinung, dass es durch eLearning mehr Kommunikation geben würde, gleichzeitig prognostizierten aber 38%, dass weniger kommuniziert werden würde (siehe Abb. 11). Nach dem Kurs hingegen waren nur noch 5% der Ansicht es wäre weniger kommuniziert worden, und der Prozentsatz derjenigen, die fand es hätte mehr Kommunikation stattgefunden, hatte sich auf 50% erhöht (siehe Abb. 12).

Was inhaltliche Kursarbeit betrifft, so war die Änderung der Einschätzung noch deutlicher. Hier war vor Beginn des Kurses die Mehrheit (63%) der Befragten der Meinung, es werde gleich viel inhaltliche Arbeit geleistet wie in einem vergleichbaren traditionellen Kurs (siehe Abb. 11). Nach dem Kurs war die Verteilung eine komplett andere. Hier waren 71% der Studierenden überzeugt, es sei durch eLearning trotz der Reduktion der Anwesenheitsstunden mehr inhaltliche Arbeit geleistet worden als in einem traditionellen Kurs (siehe Abb. 12). Und während vor dem Kurs immerhin 4% der TeilnehmerInnen meinten, es würden weniger Inhalte behandelt werden, war nach dem Kurs niemand mehr dieser Meinung. Hier machte sich die vertiefte Beschäftigung mit der Materie durch die eLearning-Sitzungen offensichtlich in der Studierendenansicht deutlich bemerkbar.

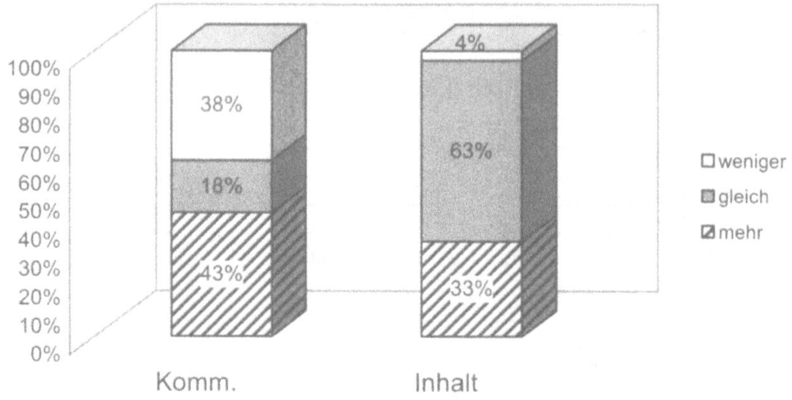

Abbildung 11: eLearning-Effekt auf Kommunikation und Inhalt (vor Kurs)

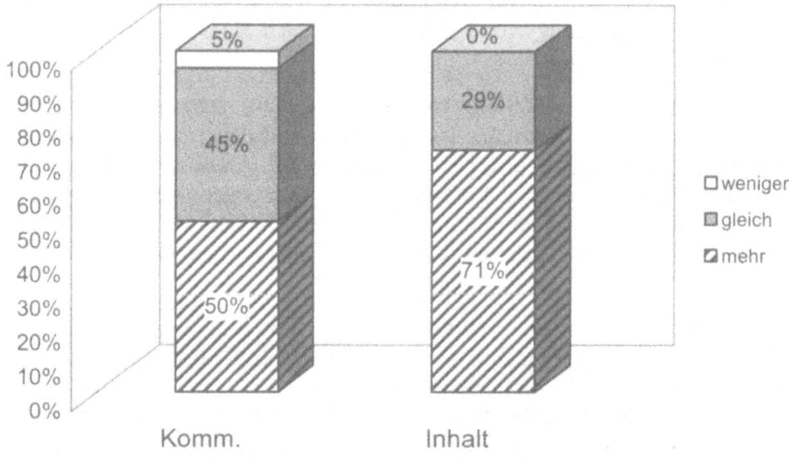

Abbildung 12: eLearning-Effekt auf Kommunikation und Inhalt (nach Kurs)

Positives Feedback gab es von Studierendenseite in den offenen Rubriken des Fragebogens zu folgenden Punkten: es habe mehr Kontakt zwischen den Studierenden sowie auch zwischen Studierenden und Lehrender gegeben, und es habe durch zielgerichtetes Lesen für die Online-Aufgaben und Diskussionen eine intensivere Auseinandersetzung mit den Kursthemen stattgefunden.

Negatives Feedback gab es bezüglich des hohen Arbeitsaufwandes und wegen technischer Probleme, die das Arbeiten mit der eLearning-Komponente erheblich erschwert hätten. Unzufriedenheit wurde vereinzelt auch wegen der fixen Abgabetermine geäußert, nach denen die Online-Aufgaben auf der Plattform nicht mehr bearbeitet und abgegeben werden konnten. In diesem Fall schien es sich jedoch eher um ein Problem der Arbeitsdisziplin zu handeln; aus der Lehrendenperspektive waren die fixen Abgabetermine sicher nicht als Nachteil auszulegen, sondern für die Lehrende war diese Administrationshilfe der Plattform im Gegenteil von Vorteil, da es somit keine Diskussionen mit 'Nachzüglern' gab, wie es bei der persönlichen Ablieferung der Beiträge teilweise vorkommt.

5 Diskussion

Was den Mehrwert der eLearning-Komponente betrifft, so wurde durch die Beleuchtung verschiedener Perspektiven im vorigen Abschnitt klar, dass die eLearning-Kursform gegenüber der traditionellen Kursform entscheidende Vorteile aufweist, wie etwa die durch Online-Werkzeuge geschaffene Möglichkeit des kontinuierlichen Austausches über die Präsenzphasen hinaus, sowie die Intensivierung der Beschäftigung mit der Thematik und den höheren Reflexionsgrad; diese Aspekte ließen sich im beschriebenen Kurs sowohl von der Lehrendenseite als auch von der Studierendenseite bestätigen. Die Ergebnisse decken sich mit den in Kapitel 3 erwähnten Hypothesen und lassen sich auch mit anderen Studien belegen (z.B. Arnold & Ducate 2006, Biesenbach-Lucas 2003, Lamy & Goodfellow 1999, Liou 2001). Auch die gesteigerte Selbständigkeit der KursteilnehmerInnen bei der Erschließung der Inhalte und die dadurch veränderte Rolle der Lehrenden hin zu Trainer/Coach, sowie die differenziertere Leistungsbeurteilung sind als grundlegende Vorteile dieser Kursform zu bewerten. Der Mehrwert der eLearning-Komponente machte sich sowohl auf der Inhaltsebene durch quantitativ und qualitativ gesteigerte Inhaltsvermittlung und intensivierten Informationsaustausch, als auch auf der sozialen Ebene durch gesteigerte Kommunikation und mehr Kontakt zwischen Studierenden untereinander und zur Lehrenden bemerkbar. Vom diesbezüglichen Vorteil der eLearning-Komponente ist nicht nur die Lehrende überzeugt, sondern auch ein Großteil der Studierenden sah (wie das Befragungsergebnis zeigt) in diesem Blended-Learning-Szenario einen Gewinn gegenüber der traditionellen Kursform.

Dem entgegen stehen problematische Aspekte dieser Kursform: die anfänglichen Eingewöhnungsprobleme der Studierenden was die Technik und die eLearning-spezifischen Regeln (z.B. Abgabetermine) betrifft, der gesteigerte Arbeitsaufwand für Lehrende und Studierende, und technische Probleme, die den Ablauf für alle Beteiligten erschweren. Dazu ist zu sagen, dass der größere Arbeitsaufwand vom Großteil der Studierenden offenbar nicht als Nachteil aufgefasst wurde (technische Probleme wurden hier schon eher als negativ empfunden), dass er von Seiten der Lehrenden aber in der Tat ein massives Problem darstellt, wenn berücksichtigt wird, dass wegen der gesamten Lehrbelastung pro Kurs oft nur eine sehr begrenzte Vor- und Nachbereitungszeit zur Verfügung steht. Die Durchführbarkeit solcher Unterrichtsformen in der Praxis wird also in der Regel vom Enthusiasmus der Lehrenden abhängen und nicht zuletzt auch durch die Kursgröße beeinflusst werden (im besprochenen Kurs war diese mit maximal 20 Personen überschaubar). Auch die Einstellung der Studierenden zu eLearning (die im beschriebenen Kurs den Umfrageergebnissen nach durchwegs positiv(-kritisch) bis neutral war) wird für den Erfolg eines solchen Kurses von erheblicher Bedeutung sein. Speziell in der FremdsprachenlehrerInnen-Ausbildung ist aber tendenziell von einer positiven Einstellung der Studierenden zu neuen Medien und von Neugier und Aufgeschlossenheit diesen neuen Lehr-/Lernformen gegenüber auszugehen, da diese auch für den Einsatz im Fremdsprachenunterricht, den die LehramtskandidatInnen später selbst halten, zentrale Themen sind.

6 Zusammenfassung und Ausblick

Insgesamt lässt sich auf der Basis der oben präsentierten Überlegungen sagen, dass für das beschriebene Kursszenario der festgestellte Mehrwert insgesamt *für* den Einsatz von eLearning spricht; vor allem von der Lehrendenseite muss jedoch der zusätzliche Arbeitsaufwand vor und während des Kurses als Limitierung berücksichtigt werden.

Was die Integrierung von eLearning in Lehrveranstaltungen allgemein angeht, so muss hier im Auge behalten werden, dass für unterschiedliche Lehrveranstaltungen spezifische eLearning-Szenarien gefunden werden müssen, die passend sind für den jeweiligen Lehrveranstaltungs-Typ sowie für die thematischen Fragestellungen, die bearbeitet werden sollen. So ist zum Beispiel klar, dass bei größeren TeilnehmerInnenzahlen als im oben beschriebenen Kurs der Arbeitsaufwand bei zahlreichen interaktiven Komponenten, die Rückmeldung von Lehrendenseite erfordern, für Lehrende nicht mehr – bzw. wenn dann nur mit Unterstützung durch eine(n) kompetente(n)Tutor(in) – leistbar ist. Weiters eignet sich im universitären Kontext auch nicht jede Veranstaltung für eine Integrierung von eLearning als zentraler Kurskomponente, da z.B. Vorlesungen gesetzlich als Veranstaltungen mit reiner Endleistungsbenotung spezifiziert sind. Das bedeutet jedoch, dass Online-Leistungen während des Semesters nicht in die Note einbezogen werden dürfen und somit auf rein freiwilliger Basis erfolgen müssen, was (vor allem bei großen Gruppen) wiederum erfahrungsgemäß geringe Beteiligung zur Folge hat. Bei Veranstaltungen mit begrenzter TeilnehmerInnenzahl und Anwesenheitspflicht stellt sich wiederum das Problem, dass aufgrund der Anwesenheitsbestimmungen für solche Lehrveranstaltungen nicht ohne weiteres Präsenzstunden gekürzt und auf Online-Phasen verlagert werden können. Hier müsste auch auf universitärer Ebene umgedacht werden, um gesetzliche Formulierungen zu modifizieren und so den regulären Einsatz der neuen Technologien in verschiedenen Kurstypen zu ermöglichen. Was die Richtlinien zur Konzeption von eLearning-Szenarien betrifft, so legen die Erfahrungen mit dem obigen Kurs nahe, dass nicht speziell nach einer eLearning-spezifischen Didaktik gesucht werden muss, sondern dass die Arbeitsmethoden und Kursszenarien, die mit eLearning-Werkzeugen ermöglicht werden, gut in allgemeine didaktische Modelle integrierbar sind (siehe auch Baumgartner 2003). Die Herausforderung besteht darin, diese eLearning-Werkzeuge so einzubinden, dass sie für optimale Lehrveranstaltungsergebnisse genutzt werden können (im obigen Kurs wurden nach diesem Prinzip z.B. Online-Aufgaben für zielgerichtete Analyse und individualisierte Rückmeldung bzw. Diskussionsforen für kontinuierliche Interaktion und Reflexion eingebunden).

Was eLearning speziell in der fremdsprachenbezogenen Fachdidaktik-Ausbildung angeht, so ist abschließend zu betonen, dass jeglicher Einsatz von eLearning hier von doppeltem Nutzen ist, da die LehramtskandidatInnen durch die Konfrontation mit den neuen Technologien und die Reflexion über ihren eigenen Umgang damit auch für ihre spätere berufliche Zukunft als FremdsprachenlehrerInnen lernen, mit diesen neuen Technologien und neuen Lehr-/Lernszenarien umzugehen (Baumgartner 1999, Arnold & Ducate 2006). Studien zufolge sind nämlich in vielen Fällen diejenigen (Sprach-)LehrerInnen, die die neuen Technologien später im eigenen Unterricht integrieren genau diejenigen, die in ihrer Ausbildung mit eLearning zu tun hatten (Egbert u.a. 2002, Keirns 1992).

Bibliographie

Arnold, Nike / Ducate, Lara 2006: Future foreign language teachers' social and cognitive collaboration in an online environment. In: Language Learning and Technology 10/1, 42-66.

Baumgartner, Peter 1999: Information Technologies and the Training of Teachers. In: Educational Media International 36(1), 3-9.

Baumgartner, Peter 2003: Didaktik, E-Learning-Strategien, Softwarewerkzeuge und Standards - Wie passt das zusammen? In: Franzen, Maike (Hrsg.): Mensch und E-Learning. Beiträge zur E-Didaktik und darüber hinaus. Aarau: Sauerländer, 9-25.

Biesenbach-Lukas, Sigrun 2003: Asynchronous discussion groups in teacher training classes: Perceptions of native and non-native students. In: Journal of Asynchronous Learning Networks 7/3 (2003). http://www.aln.org/publications/jaln/v7n3/v7n3_biesenbach-lucas.asp, Zugriff 10.01.2007.

Egbert, Joy / Paulus, Trena M. / Nakamichi, Yoko 2002: The Impact of CALL Instruction on Classroom Computer Use: A Foundation for Rethinking Technology in Teacher Education. In: Language Learning & Technology 6/3, 108-126.

Keirns, Johanna 1992: Does computer coursework transfer into teaching practice? A follow up study of teachers in a computer course. In: Journal of Computing in Teacher Education 8/4, 29-34.

Lamy, Marie-Noëlle / Goodfellow, Robin 1999: Reflective conversation in the virtual classroom. In: Language Learning & Technology 2/2, 43-61.

Liou, Hsien-Chin 2001: Reflective practice in a pre-service teacher education process for high school English teachers in Taiwan. In: System, 29/2, 197-208.

Mason, Robin 1998: Models of online courses. In: ALN Magazine 2/2. http://www.sloan-c.org/publications/magazine/v2n2/mason.asp, Zugriff 06.01.2007.

Salmon, Gilly 2000: E-moderating – The key to teaching and learning online. London: Kogan Page.

Mag. Dr. Angelika Rieder-Bünemann
Institut für Anglistik und Amerikanistik
Universität Wien
Spitalgasse 2, Hof 8
1090 Wien
e-mail: angelika.rieder@univie.ac.at

Anhang

QUESTIONNAIRE I (before beginning of course)

Course-related questions

1. What should happen in this course so that you feel it has been a success

❒ in terms of contents discussed:
❒ in terms of working methods (e.g. discussions, group work, etc.):
❒ in terms of other components not mentioned above:

e-learning-related questions

2. Why did you choose to attend the e-learning course (rather than the traditional one)?

   O time slot **O** special interest in e-learning **O** different reason:

3. How would you describe your attitude towards e-learning

   O positive **O** positive but critical **O** neutral **O** sceptical **O** negative

4. In your opinion, will the e-learning component add an extra value to the course?

   O no added value **O** added value (please specify):

5. Do you expect the course to be more work-intensive than the traditional one due to the e-learning component?

   O yes **O** no

6. What do you think will be the effects of the reduced contact hours and the integration of e-learning, compared to a traditional course?

   O more communication betw. students **O** no difference **O** less communication

   O more content work **O** no difference **O** less content work

   O other effects (please specify):

7. Do you have a computer with internet access at home?

   O yes **O** no

8. Do you have any previous experience with e-learning?

   O yes **O** no

   ➢ if yes, when and in which context?

Personal data

❒ number of semesters at university: ____

❒ university subjects: 1.__________2.__________3.__________

❒ O male O female

age: ____

QUESTIONNAIRE II (after end of course)

Course-related questions

1. In how far have your expectations about the course been fulfilled / not fulfilled

❐ in terms of contents discussed:

❐ in terms of working methods (e.g. discussions, group work, etc.):

❐ in terms of other components not mentioned above:

2. What did you like most about the course?

3. What did you like least about the course?

e-learning-related questions

4. After your experiences in the course, what is your opinion about the e-learning course mode (compared to the traditional one)?

O I prefer the e-learning mode to the traditional mode

O no preference

O I prefer the traditional mode

5. In your opinion, did the e-learning component add an extra value to the course?

O no added value **O** added value (please specify):

6. Do you think the course was more work-intensive than the traditional one due to the e-learning component?

O yes **O** no

If yes, do you think the extra workload was justified?

O workload was justified **O** workload was too high

7. In your opinion, what were the effects of the reduced contact hours and the integration of e-learning, compared to a traditional course?

O more communication betw. students **O** no difference **O** less communication

O more content work **O** no difference **O** less content work

O other effects (please specify):

8. Please list any aspect(s) of the e-learning mode that you found positive:

9. Please list any aspect(s) of the e-learning mode that you found negative:

10. Further comments:

Isabelle Barrière
Caroline Berchotteau

TANDEO : Formation à Distance des Assistants de Langue Française en Autriche

1 Le projet

1.1 Pourquoi ?

Le projet d'une formation à distance pour les assistants de langue est né à la suite des différentes journées de formation organisées par le Service de Coopération et d'Action culturelle de l'Ambassade de France à Vienne entre 2003 et 2005 pour les assistants de langue française. En effet, à l'issue des ces journées, les assistants ont demandé à maintes reprises une multiplication de ces formations, alors au nombre de 2 par an, afin non seulement de recevoir une formation pédagogique mais aussi dans le but de se rencontrer et d'échanger leurs expériences et leurs pratiques pédagogiques.

Cependant, la répartition des assistants sur tout le territoire autrichien ne permettait pas d'élaborer un calendrier de formations fréquentes. Un projet de formation à distance a donc été conçu. L'utilisation de l'Internet semblait évident et permettait ainsi de donner à la formation un double objectif : comment donner à des étudiants de langue allemande, répartis sur tout le territoire autrichien, une formation pédagogique minimale afin d'optimiser leurs interventions dans les classes de français tout en leur donnant une impulsion pour l'intégration des TIC dans leurs pratiques pédagogiques ainsi que des "réflexes" de partage de ressources, de mutualisation et d'échanges ?

1.2 Comment ?

Lors de l'élaboration du projet Tandeo, un certain nombre d'objectifs ont été prévus afin de répondre aux besoins des assistants de langue. Ces objectifs ont ensuite été listés pour pouvoir y répondre de la manière la plus efficace possible. Certains d'entre eux ont fait l'objet d'une ouverture d'ateliers de formation : les objectifs pédagogiques. Les objectifs sociaux ont été considérés comme ne pouvant pas être atteints par le biais d'une formation mais plutôt par l'utilisation d'outils de communication, entre autres.

Tandeo devait donc répondre à deux objectifs principaux : favoriser la création d'un réseau de communication entre les assistants afin d'encourager les échanges et leur apporter les bases minimales en pédagogie du français langue étrangère. Il ne s'agissait en aucun cas de donner une formation complète en français langue étrangère ; universités, alliances françaises et CNED dispensent formations et diplômes dans ce domaine, mais il s'agissait de donner aux assistants les outils nécessaires pour pouvoir intervenir de manière efficace en classe de langue.

Ces deux axes ont permis de définir avec plus de précision les objectifs qui en découlent.

Compétences

- capitalisation des savoirs
- échange, mutualisation des expériences et des pratiques : développement de l'expertise collective
- mutualisation et transfert de compétences
- mise en commun des ressources avec accès en ligne à des contenus spécifiques
- encourager la formation et l'autoformation des personnes impliquées dans les projets d'enseignement du français et d'enseignement bilingue
- pré-professionnalisation des assistants de langue et des futurs enseignants

Communication

- création de réseaux multiples
- favoriser la communication et les échanges entre assistants et les locuteurs natifs
- créer un réseau entre assistants de langue et enseignants de français
- améliorer la qualité et l'efficacité du tandem enseignant/locuteur natif à travers le développement de nouvelles approches pédagogiques

Politiques linguistiques

- défense du plurilinguisme en Europe
- défense et promotion de la Francophonie

Atteindre ces objectifs demande de s'appuyer sur des compétences existantes afin d'en développer de nouvelles. Les compétences sont non seulement liées entre elles, une en appelant une autre, mais créent également tout un réseau de compétences associées.

Cependant, la mise en place d'une formation s'appuyant sur le vecteur de l'Internet et donc de l'utilisation d'un matériel informatique permettait également de mettre en avant l'exploitation, le développement et l'acquisition de compétences informatiques. Ces dernières concernant l'utilisation basique de l'ordinateur (clavier, souris, menus ...) ainsi que les logiciels de traitement de texte, de courrier et de navigation sur Internet. Mais un emploi plus réfléchi de cet outil était également visé. Il s'agissait de mettre en avant des connaissances liées au métier, c'est-à-dire la recherche, le traitement et l'exploitation d'informations en lien avec un objectif particulier. D'autre part l'autoformation, par la consultation de sites pédagogiques, était aussi un aspect important.

1.3 Pour qui ?

Comme mentionné plus haut, le public de cette formation était composé d'assistants de langue française en Autriche, mais dans un second temps les lecteurs de français présents dans les établissements scolaires et universitaires de Croatie et de Roumanie mais aussi des assistants de langue française présents en Allemagne devaient rejoindre ce projet. A plus long terme, il était envisagé d'impliquer également les enseignants de français de ces différents pays.

Le programme des assistants de langue regroupe en fait un nombre relativement important de programmes bilatéraux d'échanges. Il s'agit pour des étudiants de langue de partir dans le pays dont ils étudient la langue. En échange de cette possibilité, les étudiants sont appelés à intervenir dans les cours de langue étrangère, correspondant à leur langue maternelle, des établissements scolaires des pays d'accueil.

Ces programmes d'échanges sont gérés dans chaque pays par les ministères de l'Education. Les services de coopération et d'action culturelle (SCAC) des ambassades de France sont les représentants et les interlocuteurs privilégiés que ce soit pour les ministères de l'Education des pays où se trouvent les ambassades ou pour les assistants de langue française. En France, le relais du ministère de l'Education nationale chargé de la gestion de ce programme est le CIEP (centre international des études pédagogiques), organisme également responsable des actions et programmes inscrits dans le domaine du français langue étrangère. En ce qui concerne le programme des assistants de langue, le CIEP est chargé du recrutement des Français et procède en collaboration avec les divers ministères étrangers au placement des assistants dans les établissements scolaires.

Suivant les pays, les fonctions des assistants peuvent différer. En Autriche, le rôle de l'assistant est de favoriser le développement des compétences orales des élèves, d'apporter des éléments de civilisation et de culture. Mais en aucun cas, il ne doit dispenser de cours à proprement parler ni participer à l'évaluation des élèves.

Les assistants de langue sont issus, pour la plupart, des disciplines universitaires de langue allemande. Ils doivent au minimum être inscrits en seconde année de DEUG. Très peu d'entre eux possèdent donc des connaissances et des compétences en didactique et encore moins sont formés pour intervenir en classe de français langue étrangère. C'est là l'un des paradoxes du programme d'échange des assistants. En effet la campagne de recrutement et le site du CIEP chargé du recrutement des assistants utilisent les arguments suivants pour la promotion de ce programme :

> Vous parlez anglais, allemand, espagnol, italien, japonais, néerlandais ou portugais ?
> Vous êtes attiré(e) par l'étranger ?
> Des États-Unis à l'Australie en passant par l'Europe : faites votre choix !
>
> **Le programme des assistants de langue à l'étranger vous offre la possibilité :**
>
> - d'améliorer vos compétences en approfondissant votre connaissance d'une langue et d'une culture étrangères ;
> - d'être un représentant de la langue et de la culture françaises dans un pays étranger ;
> - de contribuer au développement des échanges entre étudiants, professeurs et élèves.
>
> (CIEP : Présentation. http://www.ciep.fr/assistantfr/present.htm#mission, 1.3.2007)

L'amélioration des compétences en langue étrangère est ainsi mise en avant alors que dans la réalité autrichienne le troisième argument passe au premier plan. En résultent donc des incompréhensions dans le rôle des assistants entre les principaux intéressés et les enseignants dans les classes desquels ils interviennent. Les enseignants attendent des assistants des compétences pédagogiques et un soutien en langue française alors que les assistants de langue souhaitent mettre en place une communication en allemand.

Afin de donner aux assistants des outils pédagogiques, ministère de l'Education autrichien et Service de Coopération et d'Action Culturelle de l'ambassade de France (SCAC) ont mis en place différentes actions. Quelques jours avant la prise de leur fonction, les assistants reçoivent pendant quelques jours une formation délivrée par le ministère autrichien. Celle-ci consiste notamment en informations administratives relatives aux démarches que devront effectuer les assistants auprès des établissements scolaires, bancaires et administratifs de leur lieu de résidence. Leur sont également délivrées quelques informations sur leur rôle et mission au sein des établissements scolaires et auprès des enseignants. Quelques documents pédagogiques leur sont distribués avec des pistes d'exploitation. Le SCAC dispose d'une journée de formation lors de ce séminaire de rentrée. Celui-ci invite des intervenants afin de donner aux assistants des informations plus précises notamment sur leur rôle dans la classe avec l'enseignant de langue avec le témoignage d'anciens assistants ou renouvelants, les examens de langue française (DELF et DALF) que les élèves peuvent présenter en dehors de leur scolarité ainsi que quelques outils supplémentaires spécifiques au français langue étrangère. L'objectif est de combler un tant soit peu le fossé inévitable entre assistants et enseignants existant à leur arrivée dans les établissements scolaires.

Entre 2003 et 2005, le SCAC de Vienne a organisé deux journées de formation par année scolaire, destinées à apporter aux assistants outils et pistes pédagogiques supplémentaires mais aussi à leur donner l'occasion de mettre en commun leurs expériences et leurs difficultés. Ces journées se sont déroulées mi-novembre, soit un mois et demi après le début du contrat des assistants, et un mois après le commencement réel des interventions des assistants en classe (la première quinzaine étant généralement consacré aux démarches administratives et à l'élaboration des emplois du temps). Cette journée permettait également de révéler les difficultés administratives des assistants. Elle avait aussi pour but de créer un réseau entre assistants, nouveaux et renouvelants. Ces derniers ne participant pas au séminaire de rentrée, leur présence permettait aux nouveaux de poser des questions, de créer des liens... Mais la distance entre les lieux d'affectation n'est pas toujours propice à la poursuite de ces relations.

La seconde journée de formation était programmée en février et permettait de faire en quelque sorte le point sur la première moitié du contrat. Les ateliers de formation proposés permettaient aux assistants de mettre leur expérience en avant dans l'exploitation de documents dans le cadre de leurs cours tout en acquérant des notions pédagogiques générales supplémentaires. L'expérience acquise et partagée lors de ces ateliers leur permettait ainsi d'apporter un regard nouveau sur les possibilités d'intervention qu'ils pouvaient approcher.

Si lors de la première journée de formation, les réactions des assistants à propos de leur présence dans les établissements étaient très enthousiastes, la seconde journée permettait d'aborder différents points avec plus de recul.

Ces deux journées étaient donc nécessaires non seulement au niveau pédagogique pour apporter soutien et idées aux assistants mais aussi au niveau psychologique. Ces regroupements étaient vécus de manière si intense que, chaque année, les assistants demandaient l'organisation de journées supplémentaires.

Afin de répondre aux demandes des assistants de journées de formation supplémentaire, le Service de Coopération et d'Action Culturelle a réfléchi à la mise en place d'un projet de formation. Cependant les contraintes financières existant tant du côté du budget de l'ambassade que de celui des assistants ne permettaient pas de programmer des journées de formation supplémentaires. La mise à distance d'une formation a paru être une solution adaptée à cette situation.

2 La réalisation

2.1 Le type de formation

La formation proposée par le biais de la plate-forme Tandeo devait répondre certes aux besoins des assistants mais aussi aux souhaits des enseignants en terme de qualification pédagogique des assistants. Elle tenait également compte des potentiels matériels offerts par les établissements, c'est-à-dire la disponibilité de postes informatiques soit dans les salles des professeurs, soit dans les bibliothèques soit dans les salles d'informatique.

Tandeo était à la fois une formation à distance avec un fonctionnement qui lui était propre et une approche méthodologique particulière mais aussi un lieu qui devait devenir un lieu de référence pour les assistants malgré son aspect virtuel.

L'élaboration de la formation a demandé une réflexion sur le type de formation à distance qui allait être mise en place. L'outil diffusé par le ministère de l'Education nationale, COMPETICE (Haeuw 2002) a servi de référence. Celui-ci définit 5 scénarii de formation, celui retenu pour Tandeo, car répondant le mieux aux différentes contraintes est le mode de fonctionnement intitulé "*présentiel réduit*". Sa définition, telle qu'elle est présentée dans ce document ministériel est la suivante :

> L'essentiel de la formation se fait en dehors de la présence de l'enseignant. Celui-ci :
>
> - contractualise les objectifs en début de formation avec l'étudiant ;
> - intervient de façon synchrone ou asynchrone, en présence ou à distance, essentiellement pour préciser ou ré expliquer différemment des notions, animer des temps de partage et d'échanges... ;
> - intervient de façon synchrone et en présence pour évaluer l'étudiant ;
> - suit les étudiants en entretenant leur motivation grâce à des outils de pilotage.

En effet, il fallait respecter les deux journées de formation, journées importantes notamment pour les assistants éloignés de Vienne. Ces regroupements leur auraient aussi permis de régler un certain nombre de détails de vive voix avec l'attachée de coopération pour le français. D'autre part, ces journées en présentiel étaient considérées comme un moyen de dynamiser les relations créées par le biais de la plate-forme et l'occasion pour les formateurs de préciser ce qu'ils attendaient des assistants, de cerner leurs difficultés et de mettre en place de nouveaux échanges. Ces journées étaient donc envisagées comme un soutien mais aussi comme un complément à la formation à distance.

2.2 Le choix des outils de formation

Dans la définition qui avait été faite de cette formation en ligne, les assistants avaient préalablement été définis comme un public de formés, certes, mais avant tout comme des formés actifs. Ils devaient être auteurs de leur formation. Il avait été prévu qu'ils participent à la création d'activités pédagogiques à partir des documents et des pistes d'exploitation proposés par les formateurs. Le travail collaboratif et coopératif était le fondement de cette formation. De cette manière, la mutualisation des savoirs et des compétences de chacun permettait la mise en place d'une formation adaptée à chaque participant tout en ayant un cadre commun.

Le contexte pédagogique et professionnel des assistants leur permettait une expérimentation immédiate des activités élaborées. La motivation était ainsi soutenue non seulement par une mise en situation concrète mais aussi par le soutien pédagogique des formateurs.

Afin de répondre à ce critère, la plate-forme Moodle, a été choisie, d'une part pour la simplicité de son installation et d'autre part parce qu'elle répondait à ce qui avait été envisagé comme formation. Les outils proposés permettaient d'envisager une formation mettant en avant la communication, les échanges, le partage et la création de ressources. De plus, chaque formateur a eu la liberté de paramétrer son atelier comme il le souhaitait, ce qui lui donnait un sentiment de liberté et donc une appropriation de cette formation.

Le choix de Moodle correspondait d'autant plus à la formation proposée par Tandeo que les deux étaient et sont ancrés dans un courant socioconstructiviste. Dans cette perspective, « l'acquisition de connaissances durables est favorisée par le fait d'être situé dans un champ social »[41], d'autre part « les compétences ne peuvent être construites qu'en situation » (Jonnaert 2002). Par l'utilisation de

[41] http://fr.wikipedia.org/wiki/P%C3%A9dagogie, 01.03.2007

Moodle, les assistants étaient appelés à confronter leurs points de vue, par leur fonction d'assistants, ils pouvaient expérimenter les activités proposées dans des situations réelles, ce qui leur permettait donc de développer des compétences en adéquation avec la situation proposée. Ce qui correspondait également à l'approche actionnelle préconisée par le Cadre européen commun de référence pour les langues. Adopter cette approche actionnelle, c'est considérer les assistants comme « des acteurs sociaux ayant à accomplir des tâches dans des circonstances et un environnement donnés, à l'intérieur d'un domaine d'action particulier » (Conseil de l'Europe 2000).

2.3 Le fonctionnement des ateliers

Les thèmes des ateliers proposés ont été choisis en fonction des documents que les assistants doivent utiliser régulièrement, à savoir les images, les chansons et les contes, ce dernier thème faisant appel à l'imaginaire des élèves. D'autre part, compte tenu du contexte d'enseignement en tandem dans lequel ils interviennent, un atelier « tandem » a été proposé.

Dans chaque atelier dont l'organisation totale (présentation, fonctionnement…) a été laissé à la responsabilité des formateurs, il était possible d'utiliser un certain nombre d'outils de formation (devoirs, ateliers, Questionnaires à Choix Multiples), de travail collaboratif (wiki, glossaire) et de communication (« chat », forum, messagerie privée, sondage).

Si une totale liberté était laissé aux formateurs en termes de présentation et d'organisation, la trame pédagogique était la même pour tous les ateliers.

Dans un premier temps, l'assistant devait prendre connaissance des documents proposés par le formateur ainsi que des pistes pédagogiques suggérées. Même si cette étape n'était en rien une nécessité, elle semblait indispensable pour commencer un parcours de réflexion et de création. Cependant, cette prise de connaissance devait s'appuyer sur une expérimentation afin d'avoir des retours qui devaient être la véritable base de la création de ressources.

Par les discussions engendrées autour des expériences, des questions qui pouvaient être soulevées, par les échanges mis ainsi en place dans les *forums*, chaque assistant pouvait accéder à une formation qui lui était propre.

A la suite des multiples échanges assistant-communauté des assistants, assistant-formateur, communauté des assistants-formateur, assistants-ressources, assistants-classe de français, ressources-classe de français…, chaque assistant pouvait créer une ressource à partir éventuellement d'un document commun, mais chaque exploitation devait être particulière.

Il était alors possible de mutualiser ces ressources dans les *wikis* afin de les laisser accessibles à tous les participants. Les exploitations qui en étaient faites pouvaient aussi donner lieu à des échanges.

Les objectifs principaux du grain de formation ont ainsi été atteints :

- acquérir une compétence de création et d'exploitation à partir d'un document ou d'une ressource particulière
- mettre en œuvre une démarche pédagogique d'adaptation de cette exploitation
- participer à l'élaboration commune d'une réflexion pédagogique.

Le rôle du formateur a été de placer les assistants en phase d'exposition puis d'expérimentation. Il a aidé à faire jaillir une réflexion pédagogique commune et à mettre en œuvre une démarche pédagogique de création et d'adaptation. Il a ainsi joué un rôle de guide et de soutien indispensable pour l'acquisition des compétences évoquées ci-dessus.

Cette trame pédagogique peut se schématiser de la manière suivante :

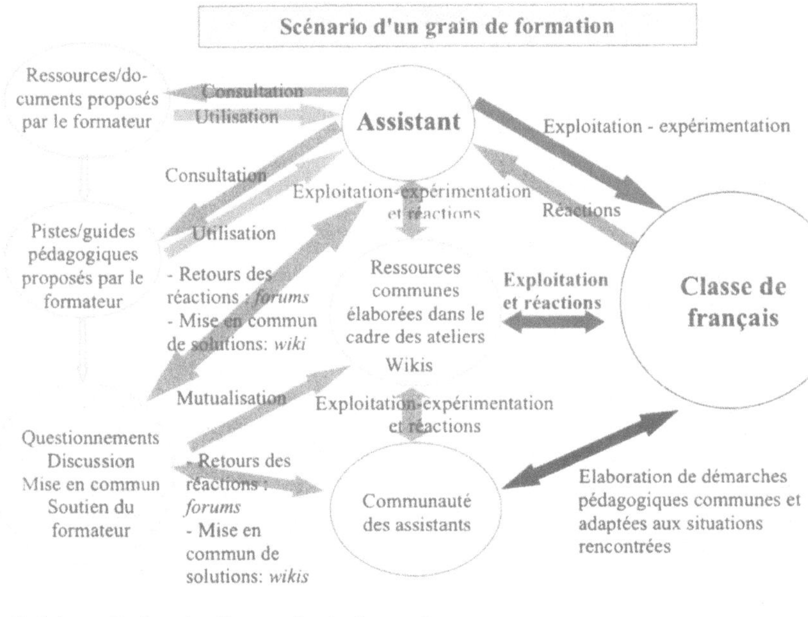

Schéma: Scénario d'un grain de formation

2.4 Tandeo, lieu de communication

Le projet Tandeo comportait aussi un volet « communication ». En effet, si l'un des objectifs était de mettre en place une formation active et adaptée à la situation des assistants, le second objectif était la création d'un réseau de communication entre les assistants dans un premier temps puis entre tous les participants de cette formation. Afin de favoriser ces échanges, différents outils ont été mis en place.

Un forum général permettait aux assistants de communiquer entre eux sur tous les sujets, de se poser des questions... mais aussi de communiquer de manière informelle avec les formateurs.

Un forum « petites annonces » avait également été mis en place afin de permettre, entre autres, de communiquer les dates des fêtes de français, concours ou autres manifestations pour le français organisés dans les établissements scolaires et les villes d'affectation des assistants. Cela avait également pour but de favoriser les échanges plus personnels.

Afin de rendre cette communication plus vivante, il avait été mis en place une sorte d'album photo où les assistants pouvaient déposer leurs photos, que celles-ci soient liées à une manifestation scolaire ou publique, aux journées de formation ou encore aux week-ends que certains organisaient les uns chez les autres.

3 Un exemple d'atelier : l'atelier Tandem

3.1 Genèse de la formation : une approche qualité

L'atelier « Travailler en tandem » est né dans le cadre du programme bilatéral franco-autrichien d'échanges d'assistants de langue. Depuis 2003, l'UCF se penche sur la question de l'accompagnement et de la formation des assistants au cours de leur année de service auprès des établissements autrichiens, notamment en ce qui concerne les aspects pédagogiques de leur travail. Issus d'horizons très variés, c'est pour la plupart d'entre eux une première expérience d'enseignement et c'est aussi souvent la première fois qu'ils sont confrontés à une culture scolaire étrangère : on n'enseigne pas de la même manière, les approches pédagogiques et didactiques sont parfois différentes, les relations entre enseignants et élèves le sont elles aussi ; et malgré toutes ces différences, il faut coopérer dans la classe, assistant français et enseignant autrichien...Un tandem qui offre des perspectives intéressantes mais qui est loin de fonctionner toujours de lui-même !

La question de la coopération enseignant/assistant nous est donc apparue comme centrale dès lors que l'on veut s'orienter vers une amélioration de la qualité de ce programme. C'est ainsi que nous avons décidé, en collaboration avec Eva Vetter, de proposer un atelier sur ce thème lors des premières Journées pédagogiques organisées en novembre 2003 par l'UCF.

Ce premier atelier devait d'abord permettre aux participants d'échanger leurs expériences, de réfléchir aux rôles de chacun,-enseignant et assistant-, au sein du tandem, les amener à replacer cette relation dans le cadre juridique défini par le programme, ouvrir leur horizon sur les possibilités du travail enseignant/assistant et les conduire à se poser les bonnes questions quant à une possible démarche à suivre (à l'aide, à titre de proposition, d'un schéma que les conceptrices de cet atelier avaient elles-mêmes expérimenté) lorsqu'on travaille en tandem.

Les objectifs opératoires visés étaient donc qu'à l'issue de cet atelier, les assistants seraient capables de mettre en place une coopération plus efficace avec l'enseignant, dont chacun tirerait profit de manière constructive.

Ce premier atelier nous a ensuite servi aux conceptrices de base de travail pour effectuer une analyse des besoins plus poussée et ajuster le contenu proposé à l'aide du corpus de faits alors constitué[42]. Cette analyse a été ensuite complétée suite à notre intervention auprès des enseignants de français en Autriche lors du congrès de l'APFA de septembre 2004, qui nous a permis d'enrichir notre travail du point de vue des enseignants,- l'autre partie du tandem !-, et de proposer ainsi un second atelier tenant compte des attentes de toutes les parties concernées. C'est cette analyse des besoins qui sera ensuite exploitée lors de la conception de l'atelier en ligne.

3.2 L'atelier en présentiel : contraintes et problèmes rencontrés

Il nous est apparu que l'atelier mené en présentiel lors des Journées pédagogiques se heurtait à plusieurs obstacles, qui entravaient fortement la portée potentielle de son contenu.

Production et réflexion collectives

Tout d'abord la production et la réflexion collectives restaient finalement assez limitées. Les journées pédagogiques se résumant à deux journées dans l'année, il était difficile d'encourager les participants à continuer le travail de réflexion et de production alors amorcé au-delà des heures de formation effectives. Les questions soulevées lors du présentiel, les solutions imaginées, l'échange d'expériences

[42] Les résultats de cette analyse des besoins ont donné lieu à la rédaction d'un article consultable sur le site Edufle (Vetter/Berchotteau 2004, http://www.edufle.net/Autour-du-tandem-enseignant, 06.03.2007)

commencé, auraient mérité qu'on y accorde le soutien nécessaire afin qu'ils se poursuivent de manière soutenue sur toute l'année scolaire.

Encadrement didactique et pédagogique

Ensuite, l'encadrement didactique et pédagogique ponctuel qui, étant donné le volume horaire dont nous disposions ne pouvait être qu'une introduction, s'est avéré vite insuffisant pour répondre aux besoins des assistants dans ce domaine. Beaucoup d'assistants n'ayant aucune formation pédagogique, la demande a été importante, notamment en ce qui concerne la question d'une démarche pédagogique possible. Les assistants ont, selon les résultats des évaluations menées à chaud, pour la majorité d'entre eux particulièrement profité de cet aspect de la formation et en même temps souvent déploré qu'elle soit si limitée.

Proposer une formation sur le thème du travail en tandem, comme nous l'avons déjà dit plus haut un thème qui nous semble conditionné en grande partie la qualité du programme, c'était aussi pouvoir influer sur des facteurs de réussite non négligeables comme la motivation des assistants, leur engagement au sein de leurs établissements et de leurs collègues autrichiens.

Si les assistants repartaient chez eux plein d'enthousiasme à l'issue des journées pédagogiques, l'absence de soutien dans les semaines qui suivaient le ternissait lentement. On peut aussi ajouter que deux journées par an ne permettaient pas vraiment une mise à jour régulière.

Un autre aspect à prendre en compte est le phénomène de déperdition suite à la formation : les assistants profitent d'une formation qui les aide à produire des séquences pédagogiques, ils y réfléchissent ensemble, puis tout le monde regagne ses établissements et les séquences réalisées ultérieurement restent dans les cahiers de chacun, sans aucune chance de profiter un jour à d'autres assistants.

Pas d'autonomie

Les apprenants étaient peu autonomes dans leur apprentissage, la formation se déroulant dans un cadre institutionnel.

Une formation peu individualisée

L'atelier proposé en présentiel, étant donné le peu de temps à disposition, n'autorisait pas vraiment une individualisation de la formation. Cela aurait pourtant été nécessaire compte tenu de l'hétérogénéité du public cible : de l'étudiant en langue se destinant à l'enseignement à l'étudiant en école de commerce ou en biologie, les besoins diffèrent et les attentes ne sont pas les mêmes.

Participation limitée

La participation se limitait à celle des assistants qui se trouvaient à Vienne ou dans la région viennoise, les journées pédagogiques se déroulant exclusivement à l'Institut français de Vienne. Il était difficilement envisageable de toucher un public d'assistants plus large. Cette centralisation de la formation excluait presque automatiquement les assistants venus des Länder les plus éloignés de la capitale.

3.3 Les objectifs spécifiques de la formation « Travailler en tandem »

Démarche

L'atelier en ligne n'est pas une transposition simple de l'atelier réalisé en présentiel. En effet, il tient compte des difficultés relevées lors du présentiel et décrites au chapitre précédent, et propose de les résoudre.

Il a été conçu en respectant une liste de critères précise à tous les niveaux de son élaboration, établie préalablement, et qui servira aussi de base à son évaluation (voir chapitre 4). Il tient compte de l'analyse des besoins des assistants dans le domaine de la coopération avec les enseignants autrichiens, à la fois sur les plans relationnel, organisationnel et culturel.

Des compétences à acquérir

La formation est organisée autour de quatre grands objectifs, formulés en terme de compétences à acquérir.

Objectif 1 : A l'issue de la formation, l'assistant sera capable de coopérer plus efficacement avec les autres assistants et les enseignants autrichiens.

Objectif 2 : A l'issue de la formation, l'assistant sera capable de situer ses actions dans le cadre juridique du programme d'échanges.

Objectif 3 : A l'issue de la formation, l'assistant sera capable d'analyser les rôles respectifs au sein du tandem.

Objectif 4 : A l'issue de la formation, l'assistant sera capable d'élaborer et de mettre en œuvre des séquences d'enseignement-apprentissage en classe de français.

3.4 Mise en œuvre : objectifs, contenus et outils

Une formation modulaire

Comme la configuration technique de Tandeo le rendait possible, nous avons choisi de mettre en place une formation modulaire à deux niveaux :

- des modules à progression imposée (sur 8 semaines environ) : chaque module doit normalement être réalisé dans un ordre chronologique et chaque module est dépendant des travaux effectués et des résultats obtenus dans le module précédent ; à l'intérieur de ces modules à progression imposée, un contrôle régulier de la formatrice est nécessaire, mais grande place est laissée au travail autonome des participants ;
- des modules libres : ces modules ne sont soumis à aucune contrainte chronologique et à aucune obligation de réalisation; ces modules libres permettent notamment de mettre l'accent sur les besoins individuels des participants.

3.5 Objectifs, contenus, outils

Objectif principal	Sous-objectifs	Outils utilisés	Remarques
Mieux coopérer	Echanger les expériences Encourager la réflexion et la production collectives Améliorer la communication entre les assistants	Forum Chat Liens internet Atelier Wiki	Le forum est un lieu de parole très important Les ateliers ont été utilisés comme phase préparatoire pour la réalisation ultérieure des wiki. On peut dire que le principe de l'atelier (on ne peut profiter du travail des autres qu'en déposant soi-même quelque chose) est une source de motivation certaine. Il encourage la réflexion personnelle, réflexion personnelle qui profite ensuite au groupe.

Objectif principal	Sous-objectifs	Outils utilisés	Remarques
Se situer dans le cadre juridique	Connaître les textes officiels relatifs au programme Connaître les droits et obligations de l'assistant de français en Autriche Connaître les droits et obligations de l'enseignant autrichien recevant un assistant de français	Atelier (test) Liens Internet	Autonomie encouragée : Possibilité d'élargir ses connaissances en consultant certains liens Possibilité de s'auto-évaluer
Analyser les rôles respectifs au sein du tandem	Connaître et utiliser les formes sociales de travail possible Connaître et utiliser les formes de coopération possibles dans la classe entre enseignant et assistant Connaître et utiliser les compétences respectives	Atelier Wiki	Pour atteindre l'objectif 3, on utilise ici l'outil atelier pour amorcer la réflexion sur les questions posées. L'atelier fait l'objet de commentaires de la part de la formatrice. Le travail de synthèse quant à lui est ensuite entièrement coopératif
Elaborer et mettre en œuvre des séquences d'enseignement-apprentissage en classe de français		Forum Liens théoriques Atelier avec auto-évaluation Atelier Forum des rapports	On peut remarquer le « forum des rapports », qui permet de mutualiser les ressources et par là –même de capitaliser la formation en profitant du matériel déposé en ligne. Ce matériel (séquences d'enseignement-apprentissage élaborées par les assistants) est aussi fiable car il aura auparavant été testé en classe et soumis au regard des autres participants.

3.6 eLearning : valeur ajoutée de l'atelier en ligne

Production et réflexion collectives

La production et la réflexion collectives ont été particulièrement encouragées au travers de la formation en ligne. Les assistants ont été amenés à mettre régulièrement en commun idées et travaux réalisés. Ce travail collectif se poursuivra au-delà de la formation.

La communication a été beaucoup améliorée également, sortant certains de l'isolement dans lequel ils se trouvaient auparavant et permettant de résoudre plus facilement certains problèmes rencontrés dans la pratique.

Encadrement didactique et pédagogique

L'encadrement didactique et pédagogique régulier rendu possible par la formation en ligne s'avère aussi très positif. Il a notamment permis d'apporter un soutien plus efficace aux assistants qui n'avaient aucune expérience d'enseignement et de répondre rapidement à leurs nombreuses questions et aux problèmes auxquels ils se sont trouvés confrontés particulièrement en ce qui concerne la mise en œuvre d'une possible démarche pédagogique.

Prendre en compte les difficultés sur les plans didactique et pédagogique, c'était aussi garantir une certaine motivation côté assistants. Les problèmes résolus, mais aussi les idées nouvelles collectées au fil des ateliers et des travaux coopératifs ont stimulé l'engagement effectif auprès des classes et incités les assistants à opérer une mise à jour régulière de leurs interventions et à remettre en permanence leur travail en questionnement.

Le problème de déperdition auquel il fallait faire face a aussi été en partie résolu par les possibilités de la formation en ligne. En effet, un forum des rapports a été mis en place et a permis aux assistants de déposer des séquences pédagogiques de qualité,- puisqu'elles ont été testées et évaluées-, ce qui permet ainsi la composition d'un corpus, utile à la fois aux assistants actuels mais aussi nous l'espérons aux futures générations d'assistants.

Autonomie

Par la formation en ligne et les outils utilisés, les assistants ont été encouragés à devenir plus autonomes dans leur formation et à prendre eux-mêmes des initiatives dans ce domaine.

Une formation peu individualisée

La formation en ligne permet une individualisation de la formation « Travailler en tandem ». L'hétérogénéité du public n'est plus un problème et devient même un atout pour chacun.

Les niveaux, attentes et besoins variés sont pris en compte : la formation est suffisamment souple pour que chacun puisse élargir ses compétences personnelles et profiter aussi des bonnes pratiques du groupe.

Participation limitée

La participation est potentiellement beaucoup plus large car la formation en ligne supprime la contrainte géographique. Cependant, cette formation reposant sur la base du volontariat, il faut noter qu'un nombre surprenant d'assistants s'est laissé décourager par un éventuel travail supplémentaire et n'a pas souhaité y prendre part.

3.7 Mise sous assurance qualité de la formation en ligne.

Inscrire une formation dans une démarche qualité, c'est se donner les moyens de continuer à réfléchir sur cette formation afin d'y apporter régulièrement les modifications et améliorations nécessaires.

3.8 Validation du contenu

Estimation de la rigueur du contenu du dispositif :

- du point de vue de sa pertinence par rapport au contexte : étant donné le contexte d'exercices des fonctions d'assistant de français en Autriche, le dispositif proposé apporte une réponse pertinente aux besoins et attentes décelés ou formulés
- du point de vue de sa rigueur interne : nous avons choisi concernant le deuxième point d'utiliser la grille de critères proposée par Guy Le Boterf (1990), que nous avons adaptée à la spécificité de la formation en ligne « Travailler en tandem ».

	Degré de satisfaction du plus satisfaisant au moins satisfaisant		
	A	B	C
1. Conception de la formation ouverte sur un horizon pluriannuel et sur des prolongements extérieurs		■	
2. Structuration de la formation en actions de formation distinctes décrites en termes précis	■		
3. Homogénéité du découpage de chaque action de formation en fonction de la spécification des objectifs à atteindre et de la population à former	■		
4. Explication de la contribution attendue de chaque action de formation ; indication de l'influence éventuelle (si le cas est pertinent) sur des paramètres sensibles d'exploitation	■		
5. Finalisation de chaque action de formation sur des objectifs de formation formulés en termes opératoires	■		
6. Caractérisation des modalités appropriées de formation	■		
7. Diversité des modalités de formation	■		
8. Caractérisation de la durée de chaque action de formation	■		
9. Caractérisation de l'échéancier de réalisation de chaque action de formation	■		
10. Adéquation de la durée de la formation au niveau d'objectifs à atteindre		■	
11. Caractérisation des modalités d'évaluation	■		

3.9 Mise sous assurance qualité du dispositif

Selon Le Boterf, la mise sous assurance qualité du dispositif en amont (processus d'ingénierie et contenu auquel il aboutit) optimise les chances de réussite du dispositif envisagé lors de sa mise en œuvre. Nous avons utilisé ici la grille de critères de qualité proposée par Le Boterf. Elle a cependant été adaptée à la spécificité de la formation (il n'a pas été toujours possible de prendre l'ensemble des critères proposés en compte).

Critères d'assurance qualité	**Application à la formation en ligne « Travailler en tandem »**
1. Les critères de pertinence - L'atelier proposé est finalisé sur sa contribution spécifique : - à la réalisation d'un projet - à la résolution de problèmes - à l'évolution des métiers et des emplois - à la facilitation de changements culturels Il a donné lieu à une analyse systématique des facteurs incidents sur les problèmes à résoudre et sur les projets à réaliser ; le champ a donc été circonscrit. Il est fondé sur la logique de fonctionnement et de développement de l'institution. Il distingue les dépenses de formation relevant de l'exploitation courante et celles relevant de l'investissement La contribution attendue des actions de formation est explicite et précise les paramètres d'exploitation sensibles.	- améliorer la formation des assistants de français en Autriche - insuffisance de la formation en présentiel - utiliser les TICE dans la formation de formateurs - vers une formation plus individualisée et plus (inter)active Analyse des besoins du public-cible et des possibilités de réalisation. Fondé sur la logique de fonctionnement et de développement des institutions concernées (UCF) Les contraintes matérielles ont été respectées, le budget a été négocié au préalable (rémunération de la formatrice). La contribution attendue des actions de formation est explicite et précise les paramètres d'exploitation sensibles.
2. Les critères d'efficacité - la formation est finalisée sur des objectifs opératoires de formation - les niveaux d'objectifs à atteindre sont spécifiés	- la formation est finalisée sur des objectifs opératoires. Les objectifs pédagogiques relèvent de niveaux différents selon ce qui est visé par l'action engagée : - le niveau *information* (ex : connaissance du cadre juridique) - le niveau *acquisition d'un langage*

Critères d'assurance qualité	**Application à la formation en ligne « Travailler en tandem »**
 - identifie et met en œuvre des modalités d'évaluation en fonction des niveaux d'objectifs à atteindre - décrit chaque action de formation en terme précis	- le niveau *maîtrise de l'outil* (ex. capacité à mettre en œuvre une séquence d'enseignement-apprentissage) - le niveau *méthodologique* (ex : mettre en œuvre une évaluation) - les modalités d'évaluation proposées sont différentes selon les niveaux d'objectifs visés - chaque action de formation de l'atelier est décrite en terme précis
3. Les critères d'efficience - utilisation optimum des moyens en relation aux objectifs à atteindre - prise en compte des actions de formation déjà réalisées	- l'atelier proposé est une réponse optimale aux besoins détectés et utilise dans ce but l'ensemble des moyens mis à disposition (outils) - la culture-formation des futurs formés (Journées pédagogiques) a été pris en compte afin de proposer un dispositif à la fois innovant (logique de résolutions de problèmes) mais qui reste adapté au public-cible
4. Les critères d'opportunité - assurance d'une concordance entre les délais d'acquisition de compétences et les impératifs de production ou de fonctionnement - a été conçu de telle sorte qu'aucune catégorie du public-cible n'ait été laissée trop longtemps en dehors de toute activité de formation - prend en compte les nécessités d'entraînement régulier	- les assistants seront rapidement opératoires ; des priorités ont été établies (calendrier de réalisation) en ce qui concerne le fonctionnement modulaire (module à progression imposée/à progression libre). - l'hétérogénéité du public-cible a été respectée : la formation est individualisée - les actions de formation sont réparties sur une période définie afin que les futurs formés soient en contact régulier avec la question de la formation

Critères d'assurance qualité	**Application à la formation en ligne « Travailler en tandem »**
5. Les critères de cohérence - cohérence entre les objectifs et les modalités de formation - cohérence entre les moyens de formation - cohérence avec les contraintes et les ressources existantes - cohérence entre les objectifs et les modalités de formation d'une part, et les niveaux et caractéristiques des formés d'autre part	- le dispositif proposé assure une cohérence entre les finalités, les objectifs, les contenus, les méthodes et les modalités de formation - le dispositif proposé assure une cohérence avec les ressources et contraintes existantes - le dispositif assure une cohérence entre les modalités de formation et les niveaux et caractéristiques des formés.
6. Les critères d'acceptation - la hiérarchie opérationnelle a été impliquée dès l'identification des besoins et l'ingénierie des actions correspondantes - les formés ont été consultés - les partenaires ont été consultés	- implication et consultation régulière de la hiérarchie et des différentes parties concernées - besoins et attentes des assistants par rapport à l'atelier envisagé pris en compte (analyse des besoins) -Attachée de coopération et conceptrice de la plate-forme consultées

Bibliographie

CIEP : Présentation. http://www.ciep.fr/assistantfr/present.htm#mission, Zugriff 06.03.2007.

Conseil de l'Europe 2000: Un cadre européen commun de référence pour les langues, apprendre, enseigner, évaluer. http://culture2.coe.int/portfolio

CNED 1999 : « Tuteurs en ligne » : quels rôles, quelle formation? http://www.ipm.ucl.ac.be/articlesetsupportsIPM/tuteurenligne.pdf, Zugriff 06.03.2007.

Haeuw, Frédéric 2002 : Compétice, outil de pilotage par les compétences des projets TICE dans l'enseignement supérieur, MEN, DT, bureau B3, mars 2002. http://www.formasup.education.fr/fichier_statique/etude/competicedef.pdf, Zugriff 06.03.2007.

http://fr.wikipedia.org/wiki/P%C3%A9dagogie, 01.03.2007

Jonnaert, Philippe 2002: Compétences et socioconstructivisme, un cadre théorique. Bruxelles: de Boeck.

Le Boterf, Guy 1990 : L'ingénierie et l'évaluation de la formation. Paris: Éditions d'Organisation.

Vetter, Eva / Berchotteau, Caroline 2004 : Autour du tandem enseignant / assistant de langue. In : Apfascope 34, 6-8. http://www.edufle.net/Autour-du-tandem-enseignant, Zugriff 06.03.2007.

Isabelle Barrière
Responsable multimédia - CAVILAM
Vichy - France
EduFLE.net (http://www.edufle.net)
e-mail : ibarriere@cavilam.com

Caroline Berchotteau
Enseignante Français Langue Etrangère
Intervenante pour le Bureau européen du Rectorat de Vienne (Education Quality-Réseau des langues romanes)
e-mail: CarolineBer@netscape.net

Eva Vetter

„...verstehen, welchen Mehrwert der Einsatz von IKT im Fremdsprachenunterricht erbringt“[43]: eLernen für angehende FranzösischlehrerInnen

1 Argumentationsgang

Eine moderne Ausbildung von FremdsprachenlehrerInnen kann auf die Integration von Informations- und Kommunikationstechnologien (IKT) nicht verzichten. Der vorliegende Beitrag zeigt ausgehend von dieser These, wie der bildungspolitische Kontext (Kapitel 2) sowohl aus universitärer, als auch aus europäischer Sicht Reformen der Ausbildung von SprachlehrerInnen nahelegt. Für die Zukunft der Lehramtsstudien an der Wiener Universität geben der Entwicklungsplan und die Einbindung in den Bologna-Prozess den Rahmen vor (Kapitel 2.1). Im europäischen Bildungsbereich finden sich sowohl Computer- als auch Fremdsprachenkenntnisse als Schlüsselkompetenzen in offiziellen Dokumenten, die integrativ (und nicht additiv) gedacht werden (Kapitel 2.2 und 2.3). Diesem Integrationsanspruch soll eine von der Autorin geplante Vorlesung für angehende FranzösischlehrerInnen gerecht werden – in einer Fallstudie (Kapitel 3) wird diese Lehrveranstaltung hinsichtlich ihrer Anschlussfähigkeit an die aus dem universitären und europäischen Kontext abgeleiteten Herausforderungen geprüft.

Die Vorlesung wird von der Autorin seit dem Wintersemester 2004/05 mit Unterstützung der Lernplattform WebCT angeboten, laufend evaluiert und weiterentwickelt (Vetter 2006). Gegenstand des vorliegenden Beitrags ist das Angebot des Wintersemesters 2006/07. Es handelt sich damit im Unterschied zur Längsschnittstudie von Rieder-Bünemann in diesem Buch um eine Querschnittanalyse. Nach einer Verortung der Lehrveranstaltung (LV) im Kontext der Romanistik Wien (Kapitel 3.1) und des Designs im terminologischen Dschungel, der den Begriff eLearning umgibt (Kapitel 3.2), wird das LV-Konzept auf

[43] Aus dem Europäischen Profil für die Ausbildung von Fremdsprachenlehrkräften, September 2004 (Kelly u.a., http://ec.europa.eu/education/policies/lang/doc/profile_de.pdf, Zugriff 2.1.2007).

Anknüpfungspunkte zu den kontextuellen Anforderungen hinterfragt (Kapitel 3.3). Die Perspektive der Lernenden reflektieren die Ergebnisse einer Befragung unter den TeilnehmerInnen der LV am Ende der Präsenzphase (Kapitel 3.4). Der Ausblick (Kapitel 4) widmet sich wieder der Tragfähigkeit der Ergebnisse der Fallstudie hinsichtlich des im europäischen und universitären Kontext artikulierten Reformdrucks.

2 Bildungspolitischer Kontext

2.1 Wien und Bologna

Der Bologna-Prozess umfasst alle Aktivitäten, die ausgehend von der Bologna-Deklaration 1999 (Confederation of EU Rectors' Conferences / Association of European Universities 1999) für die Entwicklung eines gemeinsamen europäischen Hochschulraumes unternommen werden. Er trägt zu den so genannten Lissabon-Zielen bei, deren Erreichung Europa bis zum Jahr 2010 zum wettbewerbsfähigsten wissensbasierten Wirtschaftsraum der Welt machen soll. Die Europäische Kommission forderte in der Mitteilung vom 11. November 2003, welche Teil des dem Europäischen Rats im Februar 2004 vorgelegten Zwischenberichtes (Rat der Europäischen Union 2004) ist, beschleunigte Reformen und stärkeres politisches Engagement für diese Ziele. Damit wird den Lissabon-Zielen, und somit auch dem Bologna-Prozess, eine neue Dynamik verliehen.

Auch die Universität Wien hat sich zum Bologna-Prozess und damit zur freiwilligen Annäherung der Hochschulsysteme Europas verpflichtet.[44] Obwohl die Lehramtsstudien derzeit noch aus den Reformen für eine europäische Studienarchitektur ausgeklammert werden, sind sie aus dem europaweiten Reformprozess nicht wegzudenken. Dies ist auch Ergebnis der Tagung „Das Lehramtsstudium in der europäischen Studienarchitektur", zu der die Steuerungsgruppe Lehramt und das Bologna-Büro der Universität am 7. November 2006 geladen hatten.[45]

---

[44] Zur Begleitung des Prozesses hat die Universität Wien seit 1. Jänner 2006 ein eigenes Bologna-Büro errichtet (Bologna-Büro: http://bologna.univie.ac.at/, Zugriff 2.1.2007).

[45] Alle Tagungsunterlagen sind über die Website des Bologna-Büros (http://bologna.univie.ac.at) oder auf der Tagungsseite (Tagungsunterlagen „Das Lehramtsstudium in der europäischen Studienarchitektur" 2006, http://bologna.univie.ac.at/index.php?id=bb-veranstaltungen, 2.1.2007) einzusehen.

Demnach sei die Taktung der Lehramtsstudien mit den im Sinne von Bologna veränderten Diplomstudien eine „Druckstelle",[46] allein die budgetäre Verzahnung mache aber eine Abstimmung des Lehramts mit den neuen Lehrangeboten notwendig.[47]

Die Tagung sprach außerdem die neuen Anforderungen an zukünftige LehrerInnen an, die sich aufgrund der Einbindung in den europäischen Prozess und der größeren Aufgaben- und Rollenbandbreite des Lehrberufes allgemein ergeben. Die LehrerInnenausbildung wird aus dieser Perspektive als „Gestaltungshebel" bezeichnet (Sliwka 2006). Eine Möglichkeit, diesen Hebel wirkungsvoll zu betätigen, ergibt sich durch die Integration von Informations- und Kommunikationstechnologien (IKT), wie im Folgenden gezeigt werden soll.

Die Universität Wien zeigt schon seit einiger Zeit steigendes Interesse an einer höheren Qualität der LehrerInnenausbildung. Dies manifestiert sich unter anderem in der Einbindung der Lehramtsstudien in den Entwicklungsplan der Universität (Universität Wien 2006), einem Schlüsseldokument, das den Schwerpunktsetzungen der Universität Wien bis 2010 einen Rahmen gibt. Darin bekennt sich die Universität Wien zur wissenschaftlichen LehrerInnenausbildung und zum so genannten „Vier-Säulen-Modell", um die Professionalisierung der LehrerInnenausbildung zu sichern. Fachwissenschaft, Fachdidaktik, Erziehungswissenschaft/Schulpädagogik und schulpraktische Ausbildung bilden die vier Säulen der LehrerInnenausbildung, zu deren Weiterentwicklung folgende Maßnahmen im Entwicklungsplan festgelegt sind:

- die Umsetzung des Prinzips der forschungsgeleiteten Lehre durch die Einbeziehung der Studierenden in die aktuelle Forschungsarbeit,
- die Stärkung der fachdidaktischen Ausbildung durch die Errichtung von Fachdidaktischen Zentren,
- die effiziente Durchdringung von Praxiserfahrung und Theoriewissen im pädagogischen und schulpraktischen Bereich,
- die Integration des Unterrichtspraktikums in die universitäre Weiterbildung,
- die Weiterbildung von LehrerInnen als Teil des universitären Lehrangebots.

---

[46] Zu dieser Einschätzung kam Vizerektor Arthur Mettinger anlässlich der Tagung „Das Lehramtsstudium in der europäischen Studienarchitektur" (7. 11. 2006).

[47] Darauf wies Alois Ecker als Vertreter der Fachdidaktik Geschichte im Anschluss an den Beitrag des Vizerektors hin. Als Baustein für die curriculare Weiterentwicklung der Lehramtsstudien nannte er unter anderem die Berücksichtigung neuer Lernmöglichkeiten wie prozessorientierte Lernformen und eLearning.

Die LehrerInnenausbildung situiert sich somit in einem nationalen und europaweiten Kontext, der Reformdruck signalisiert. Die Integration von IKT in die Erstausbildung der FranzösischlehrerInnen bietet eine Reihe von Ansatzpunkten, diesen Herausforderungen zu begegnen, wie hier argumentiert werden soll. Die Überlegungen finden in einem bildungspolitisch doppelt zentralen Bereich statt: In der Empfehlung des Europäischen Parlaments und des Rates vom 18. Dezember 2006 werden die Computerkompetenz und die fremdsprachliche Kompetenz als Schlüsselkompetenzen für ein erfolgreiches Leben in einer Wissensgesellschaft bezeichnet. Wie diese beiden Schlüsselkompetenzen vernetzt gedacht werden können, soll zunächst für den bildungspolitischen Kontext und anschließend mit der Fallstudie einer einführenden Fachdidaktik-Vorlesung gezeigt werden.

2.2 IKT im Europäischen Bildungsbereich: Grundlagen

Die Nutzung von IKT ist integrativer Teil der Entwicklungen in Richtung Wissensgesellschaft und wird deshalb auch durch eine Reihe von Programmen und Aktionen auf europäischer Ebene unterstützt. Die Aktion „eLearning. Gedanken zur Bildung von morgen" ist Teil des im Juni 2000 beschlossenen Aktionsplanes „eEurope" und wurde von der Kommission im Anschluss an den Lissabon-Gipfel erarbeitet. Im März 2001 nahm die Kommission den „Aktionsplan eLearning" (2001-2004), eine Plattform für die europäische Zusammenarbeit, an. Das europäische Parlament und der Rat beschlossen am 5. Dezember 2003 (DECISION No 2318/2003/EC) das eLearning Programm (2004-2006). Einer der vier Aktionsbereiche widmet sich elektronischen Schulpartnerschaften und der Ausbildung von Lehrkräften.[48] Workshopberichte geben in regelmäßigen Abständen (zuletzt 2005) Auskunft über die Entwicklungen in den Aktionsbereichen. Auf Initiative der Europäischen Kommission bietet die Website http://elearningeuropa.info seit 2003 reichhaltige Informationen zu eLearning, wie Erfahrungsberichte, Überblick über aktuelle Programme oder Wettbewerbe und weiterführende Links, die Zeugnis geben über die zahlreichen Aktivitäten und Studien zu IKT im europäischen Bildungsbereich.

Dass die Ausbildung von LehrerInnen nicht mehr unabhängig von der Nutzung der IKT gedacht werden kann, zeigen auch die für die Rahmenbedingungen der europäischen Zusammenarbeit in Bildungsfragen maßgeblichen Texte. Die Bildungsminister nahmen 2001 den Bericht „Die konkreten künftigen Ziele der Systeme der allgemeinen und beruflichen Bildung" (Rat der Europäischen Union 2001) an, um jene Ziele, die bis zum Jahr 2010 erreicht werden sollen, zu

[48] Nähere Informationen dazu auf der Website http://etwinning.net, Zugriff 2.1.2007.

konkretisieren. Die Herausforderungen der Zukunft werden hier als eng mit IKT verbunden dargestellt: „So sind Computer an den Arbeitsplätzen und in den Haushalten immer weiter verbreitet, und diese relative Vertrautheit mit den Informations- und Kommunikationstechnologien bildet den Hintergrund für die Gestaltung der allgemeinen und beruflichen Bildung in der Zukunft“ (Rat der Europäischen Union 2001: 5). IKT finden sich auch in den konkreten Zielformulierungen explizit oder implizit wieder: Ziel 1 betrifft die Qualitätsverbesserung der Bildungssysteme und bezieht sich in Kapitel 2.11 auf die Ausbildung von Lehrern und Ausbildnern. Diese sollten über theoretisches Wissen und berufliche Fähigkeiten hinausgehend Verantwortung für das selbständige Lernen übernehmen, um sich jene Kompetenzen anzueignen, die in der heutigen Gesellschaft und Arbeitswelt notwendig sind (Rat der Europäischen Union 2001: 8). An unzähligen Stellen des Textes werden Informations- und Kommunikationstechnologien explizit angesprochen: Sie sind ausschlaggebend dafür, dass die Grundfertigkeiten für die Wissensgesellschaft neu zu definieren sind (Kapitel 2.1.2) und sollten allen verfügbar sein (Kapitel 2.1.3), womit die Ausstattung der Schulen und die Aus- und Weiterbildung der Lehrenden angesprochen wird:

> Alle Mitgliedstaaten sind sich darin einig, dass eine gute Ausbildung der Lehrer äußerst wichtig ist. Dies ist nun vielleicht sogar noch wichtiger geworden, da sich neue pädagogische Fragen im Zusammenhang mit dem Problem stellen, wie Menschen ermutigt werden können, die spezifischen Fertigkeiten für den Einsatz der Informations- und Kommunikationstechnologien im Lernprozess zu erwerben – Fertigkeiten wie etwa die Auswahl von Informationen, deren Analyse undnachfolgende Umwandlung in Wissen und Fähigkeiten. Was die Lehrer betrifft, so geht es nicht allein um Vernetzung und Schulung, sondern auch darum, ihnen kontinuierlich die Fertigkeiten, die zur Einbeziehung der Informations- und Kommunikationstechnologien in die tägliche Arbeitspraxis erforderlich sind, zu vermitteln... (Rat der Europäischen Union 2001: 9).

Ein Jahr später nahmen der Bildungsrat und die Kommission ein 10-Jahres-Arbeitsprogramm an, dem der Europäische Rat zustimmte. Unter den 13 Zielen des Arbeitsprogramms finden sich die Verbesserung der Lehrerausbildung, die Integration von Informations- und Kommunikationstechnologien, sowie das Fremdsprachenlernen. 12 Arbeitsgruppen lieferten Berichte zu den prioritären Themen ab. Die Empfehlungen des Berichts zu den IKT vom November 2004 (European Commission (Directorate-General for Education and Culture) 2004) streichen die Rolle der Lehrerausbildung heraus:

> Teacher education appears as one of the most important arenas for addressing the integration of ICT in education. The ability of teachers to critically reflect on their own practice should be encouraged through specific methods and tools. ICT can be a catalytic element for achieving such ‘reflective practices’ or other methods for upgrading teaching and learning processes (European Commission 2004: 10).

Es wird außerdem darauf hingewiesen, dass Lehrende in Bezug auf Informations- und Kommunikationstechnologien nach wie vor einen Problemfall darstellen. Demnach würden 80% der LehrerInnen IKT nicht nutzen. In manchen Fällen würden sie aufgrund des großen Drucks, moderne Technologien zu verwenden, vorgeben, mit IKT zu arbeiten, ohne dies tatsächlich zu tun (European Commission 2004: 11). Der Bericht der Arbeitsgruppe rät, IKT in langfristige Bildungsziele zu integrieren und die Forschung voranzutreiben.

Im selben Zeitrahmen situiert sich ein anderer prominenter Text, der die Verbindung zwischen IKT und sekundärem Bildungsbereich anspricht: Das Abschlussdokument des Treffens der europäischen Staats- und Regierungschefs, Außen- und Finanzminister am 15. und 16. März 2002 in Barcelona nennt konkrete Entwicklungen im Bildungsbereich, die für eine wettbewerbsfähige wissensbasierte Wirtschaft wichtig sind (SN 100/1/02: Absatz 44, 18 ff.) .[49] IKT sind hier prominent vertreten:

> development of digital literacy; generalisation of an Internet and computer user's certificate for secondary school pupils; [...] options for helping secondary schools to establish or enhance an internet twinning link with a partner school elsewhere in Europe,... (SN 100/1/02: Absatz 44, 19).

Das Abschlussdokument antizipiert damit Entwicklungen, die sich bis heute in langjährigen Förderprogrammen konkretisieren.

Die Ziele der allgemeinen und beruflichen Bildung 2010 und das Arbeitsprogramm stellen den neuen und kohärenten strategischen Rahmen für die Zusammenarbeit im europäischen Bildungsbereich dar. IKT sind ein zentraler Teil dieses Rahmens, ebenso wie die Sprachkenntnisse. Die Aus- und Weiterbildung von SprachlehrerInnen hat, will sie sich im europäischen Prozess situieren, IKT zu integrieren und deren qualifizierte Nutzung mitzudenken.

2.3 IKT und Sprachenlernen

Eine weitere Priorität im Rahmen der Lissabon-Strategie sind die Fremdsprachenkenntnisse. Vielfältige Initiativen werden zur Verbesserung des Lehrens und Lernens von Fremdsprachen seit 2000 gesetzt: das Europäische Jahr der Sprachen 2001, der Tag der Sprachen, EU-Programme wie LINGUA, Comenius und Leonardo und vieles mehr. Auch die Ausbildung von SprachlehrerInnen rückt in den Blickpunkt des Interesses. In einer Reihe von Dokumenten wird die

---

[49] In Teil III desselben Dokuments wird zu weiteren Anstrengungen für die Initiative „e-Europe" aufgerufen, ebenso wie zur Entwicklung neuer Grundfertigkeiten und Lehrmethoden, die die gegenwärtigen SchülerInnen auf die Wissensgesellschaft vorbereiten sollen (SN 100/1/02: 43).

Forderung nach einer Verbesserung der Fremdsprachenkenntnisse mit IKT in Zusammenhang gebracht, wie im Folgenden gezeigt werden soll.

Direkt an die Ausbildung von SprachlehrerInnen richtet sich der Aktionsplan zur Förderung des Sprachenlernens und der Sprachenvielfalt[50], der am 27. Juli 2003 von der Europäischen Kommission genehmigt wurde. Für den Zeitraum 2004-2006 wurden für die folgenden drei Schlüsselbereiche Maßnahmen entwickelt: Förderung des lebenslangen Fremdsprachenlernens, Verbesserung der Qualität des Fremdsprachenunterrichts und Schaffung eines sprachenfreundlichen Umfelds. Die Maßnahmen für einen besseren Sprachunterricht weisen auf das Potenzial von eLearning-Ansätzen für die Kontakte von SchülerInnen verschiedener Sprachgemeinschaften explizit hin (Kommission der Europäischen Gemeinschaften 2003: 11) und in Abschnitt 2 werden elektronische Schulpartnerschaften als Aktionen für den Zeitraum 2004-2006 vorgeschlagen (ibid.: 19). Damit schließt sich der Kreis zur allgemeinen Integration der IKT in den europäischen Bildungsbereich.

Ein weiterer wichtiger Meilenstein der europäischen Anstrengungen für bessere Sprachenkenntisse ist die am 22. November 2005 von der Kommission angenommene „Neue Rahmenstrategie für Mehrsprachigkeit" (Kommission der Europäischen Gemeinschaften 2005 KOM(2005) 596 endgültig). Darin wird unter anderem gefordert, die Ausbildung von Fremdsprachenlehrkräften an die sich ändernden Anforderungen an die Fremdsprachenkompetenzen der Lernenden anzupassen (Kommission der Europäischen Gemeinschaften 2005: 6). In diesem Zusammenhang verweist die Kommission auf die von ihr finanzierte und an der Universität Southampton durchgeführte unabhängige Studie „Europäisches Profil für die Aus- und Weiterbildung von Fremdsprachenlehrkräften: ein Referenzrahmen" (Kelly u.a. 2004). Unter dem Punkt „Maßnahmen" (Kelly u.a. 2004: 9) werden die Mitgliedstaaten aufgefordert, ihre derzeitigen Vorgaben und Rahmenbedingungen für die Aus- und Weiterbildung von Fremdsprachenlehrkräften „im Lichte der Ergebnisse" dieser Studie zu überprüfen. Die Southamptoner Studie sieht sich außerdem als Beitrag zum zweiten Bereich des Aktionsplans, der „Verbesserung der Qualität des Fremdsprachenunterrichts", da die Qualität des Fremdsprachenunterrichts von der Aus- und Weiterbildung von SprachlehrerInnen abhängt. Die Ergebnisse dieses „Referenzrahmens" sind aufgrund ihrer Festlegung hinsichtlich IKT auch für die vorliegende Fragestellung interessant.

Die Studie wurde von einer AutorInnengruppe (Michael Kelly, Michael Grenfell, Rebecca Allan, Christine Kriza und William McEvoy) im September 2004 fertiggestellt und versteht sich unter anderem auch als Checkliste und Leitfaden

---

[50] Der Aktionsplan ist die Antwort der Europäischen Kommission auf die Entschließung des Europäischen Parlaments vom 13. Dezember 2001 und das Ersuchen des Rates (Bildung) vom 14. Februar 2002, Sprachenlernen und Sprachenvielfalt zu fördern.

für LehrerInnenbildungsprogramme (Kelly u.a. 2004: 4). Zwei der insgesamt vierzig Punkte beziehen sich explizit auf IKT, nämlich „17. Methodisch-didaktischer Einsatz von Informations- und Kommunikationstechnologien im Unterricht“ und „18. Informations- und Kommunikationstechnologien in der persönlichen Planung, Organisation und beim Recherchieren von Ressourcen“ (Kelly u.a. 2004: 5). „Erläuterungen“ führen die einzelnen Punkte näher aus und geben Empfehlungen europäischer ExpertInnen im Bereich des Fremdsprachenunterrichts wieder. Zum Punkt „Methodisch-didaktischer Einsatz von IKT“ werden vier solche Empfehlungen abgegeben (Kelly u.a. 2004: 56f.):

- Die angehenden Lehrkräfte lernen, wie man effizient mit Informations- und Kommunikationstechnologien (IKT) umgeht. Sie verstehen, welchen Mehrwert der Einsatz von IKT im Fremdsprachenunterricht erbringt.
- Die angehenden Lehrkräfte lernen, wie man IKT in andere Unterrichtsbereiche integriert, und wissen, wie diese Technologien zu mehreren Lernzielen gleichzeitig beitragen.
- Die angehenden Lehrkräfte setzen IKT als Unterstützung und Ressource ein, nicht als Selbstzweck.
- Durch den Einsatz von IKT im Unterricht unterstützen die angehenden Lehrkräfte die Autonomie der Lernenden, da sie IKT mit Aufgaben und Projekten kombinieren, die zeigen, wie die Technologien unabhängig auch außerhalb des Unterrichtskontextes als Teil eines beständigen Lernprozesses verwendet werden können.

Zum Punkt 18 finden sich folgende Erläuterungen (Kelly u.a. 2004: 59):

- Die angehenden Lehrkräfte wissen, dass Informations- und Kommunikationstechnologien (IKT) vielseitig eingesetzt werden können und sowohl effiziente wie auch ineffiziente Anwendungsmöglichkeiten bieten.
- Sie wissen, dass IKT in folgenden Bereichen ein wertvolles Instrument sind:
  - Arbeitsorganisation,
  - Erstellen und Archivieren von Stundenbildern,
  - Verfolgen von Fortschritten im Rahmen reflexiver Praxis,
  - Kommunikation und Gedankenaustausch mit KollegInnen.
- IKT geben den angehenden Lehrkräften Zugang zu einer breiten Palette von Ressourcen und Informationen, und während der Ausbildung sollten Lehrbeauftragte und MentorInnen die angehenden Lehrkräfte auf hilfreiche Sites für verschiedene Unterrichtsniveaus hinweisen.
- Die angehenden Lehrkräfte können Fertigkeiten im Umgang mit Text- und Datenverarbeitungsprogrammen entwickeln. Sie wissen, wie man Online-Agenden und E-Mail, Suchmaschinen, Bildungs-Websites, interaktive Web-Foren, Ressourcen und Datenbanken nützt.

Die Erläuterungen zeigen, dass angehende LehrerInnen mit sehr unterschiedlich komplexen Anforderungen hinsichtlich der Kenntnis und Nutzung von IKT konfrontiert sind. Das eher technische Wissen über das Erstellen und Archivieren von Stundenbildern und der kritisch-reflexive Einsatz der IKT im Fremdsprachenunterricht bilden die Eckpunkte eines Kontinuums und fordern die LehrerInnenaus- und -weiterbildung in unterschiedlichem Maße.

Eine zweite zentrale Schlussfolgerung aus dem Referenzrahmen betrifft das Selbstverständnis von LehrerInnen. LernerInnenautonomie und der Verweis auf die Kooperation von Lehrenden sind Ausdruck eines Paradigmenwechsels in Richtung Lerncoach, LernbegleiterIn. Es würde zu weit führen, diese Veränderung der LehrerInnenrolle in ihren Komponenten und ihrer Entwicklung näher zu beleuchten. Festzuhalten bleibt jedenfalls, dass der Einsatz von IKT in der Vorbereitung und Durchführung des Fremdsprachenunterricht mit einem modernen LehrerInnenbild einhergeht.

Sowohl der universitäre als auch der europäische bildungspolitische Kontext sprechen sich für eine Integration von IKT in die Ausbildung von FremdsprachenlehrerInnen aus. Die enge Verzahnung von IKT und Sprachlehre unterstützt diese Forderung noch. Die Konzeption der Einführungsveranstaltung für angehende FranzösischlehrerInnen, die im folgenden Kapitel vorgestellt wird, ist in diesen Kontext eingebettet und versteht sich als – mögliche – Antwort darauf.

3 Fallbeispiel Einführungsvorlesung

3.1 Kontext der Lehrveranstaltung

Am Institut für Romanistik in Wien, wo die Einführungsvorlesung seit einigen Jahren in dieser Form abgehalten wird, werden derzeit Französisch, Italienisch, Portugiesisch, Rumänisch und Spanisch als Diplomstudienfächer und Französisch, Italienisch und Spanisch als Lehramtsstudien angeboten.[51] Traditionellerweise hat Französisch die meisten Studienabschlüsse (Abb.1), der Großteil der FranzösischstudentInnen absolviert ein Lehramtsstudium (Abb.2). Damit ist das Lehramtsstudium Französisch gemessen an den Studienabschlüssen die größte derzeit angebotene Studienrichtung. Generell ist die Anzahl der Lehramtsstudienabschlüsse rückläufig.

---

[51] Wenn nicht anders angegeben entstammen die Informationen dem Institutsbericht Romanistik 2006.

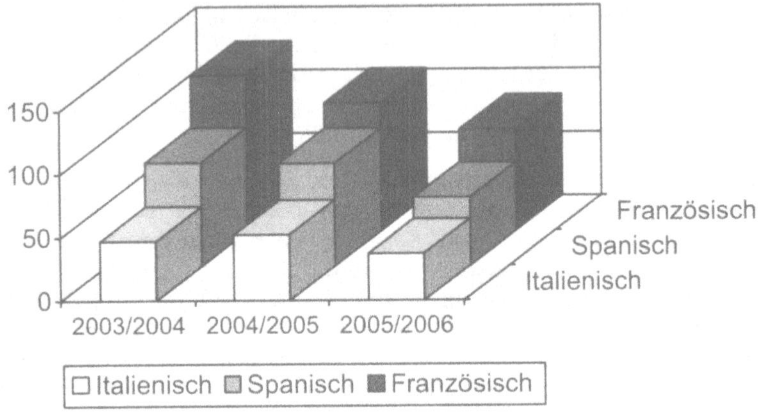

Abbildung 1: Studienabschlüsse Französisch, Spanisch, Italienisch

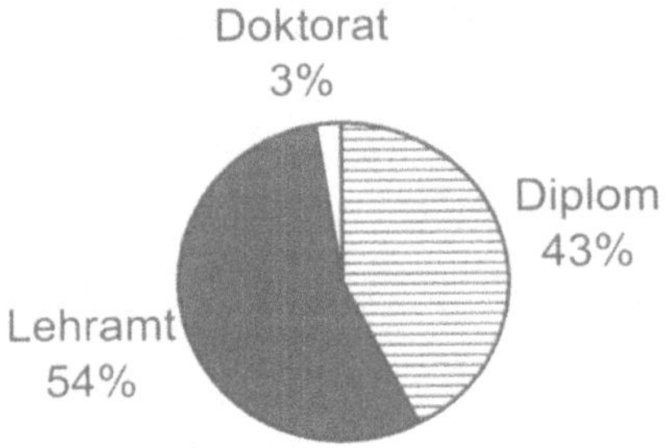

Abbildung 2: Studienabschlüsse Französisch 2005/2006

Die Präambel des Studienplans Lehramt definiert das Qualifikationsprofil romanistischer Unterrichtsfächer und umfasst neben sprachpraktischen, sprachwissenschaftlichen, literaturwissenschaftlichen, medienwissenschaftlichen und landeswissenschaftlichen Kompetenzen auch fachdidaktische Kompetenzen. Letzteren ordnen sich IKT zu, denn fachdidaktische Kompetenzen bestehen laut Studienplan auch in der Fähigkeit, „den Einsatz moderner Medien und Kommunikationstechnologien im Sprach- und Kulturunterricht zu schulen …“ (Institut für Romanistik: Studienplan). Die angehenden Fremdsprachenlehrer-

Innen lernen also, mit modernen Medien und Kommunikationstechnologien im Sprach- und Kulturunterricht umzugehen. Die LehramtskandidatInnen müssen insgesamt fünf aufbauende fachdidaktische Lehrveranstaltungen absolvieren. Im ersten Studienabschnitt sind dies die einführende Vorlesung Besondere Unterrichtslehre (3 ECTS-Punkte) und die didaktische Arbeitsgemeinschaft I (3 ECTS-Punkte, Schwerpunkt AnfängerInnenunterricht), im zweiten Abschnitt die Arbeitsgemeinschaft II (3 ECTS-Punkte, Schwerpunkt fortgeschrittener Fremdsprachenunterricht), Arbeitsgemeinschaft III (3,5 ECTS-Punkte, Schwerpunkt AHS) und die Arbeitsgemeinschaft IV (4 ECTS-Punkte, Schwerpunkt BHS). Insgesamt sind der Fachdidaktik damit 13 Lehrveranstaltungsstunden oder 16,5 ECTS-Punkte gewidmet. IKT scheinen in den Lehrzielen der einzelnen Lehrveranstaltungen einmal auf, nämlich als „Beherrschung des anforderungsspezifischen Einsatzes moderner Technologien im Fremdsprachenunterricht" (didaktische Arbeitsgemeinschaft II). Damit enthält der Lehramtsstudienplan Romanistik zwar ein Bekenntnis zu modernen Medien und Kommunikationstechnologien, legt sich aber nicht näher hinsichtlich der Vermittlung dieser Kompetenzen und ihrer Verortung in den insgesamt fünf fachdidaktischen Lehrveranstaltungen fest. Die Lehrenden verfügen also über einen großen Gestaltungsspielraum. Dieser wurde in der einführenden Vorlesung „Besondere Unterrichtslehre Französisch" von der Autorin hinsichtlich der Anforderungen des universitären und europäischen Kontexts genutzt.

3.2 eTeaching und eLearning – Verbund oder *Blended*: Begrifflichkeiten

Im ständig wachsenden so genannten eLearning-Bereich herrscht terminologische Vielfalt, bisweilen Unordnung. Das Interesse an IKT bildet sich in der zunehmenden Nutzung neuer Medien für Lehrszenarien ebenso ab wie in aktiver Forschungstätigkeit, meist action research, im Bereich Mediendidaktik.[52] Neue Formen der Interaktion zwischen Lehrenden und Lernenden entstehen und werden mit neuen oder eben gerade modernen Begriffen belegt. Mit den sich erweiternden Möglichkeiten von – ungenau formuliert – „eLearning", vergrößert sich auch das Potenzial an Interaktions-, Lehr- und Lernformen, sowie deren Kombinationsmöglichkeiten. Die Begriffsbildung hält nicht immer Schritt und so stehen hinter den häufig verwendeten „buzz words"[53] wie „eEducation", „eLearning" oder

[52] Ein Beispiel dafür ist die Publikation „eLearning beginnen", 2006 herausgegeben von Maria Mesner, Michaela Rieder und Charlotte Zwiauer, welche dem Einstieg der Universität Wien in das eLearning dokumentiert.

[53] Die Bezeichnung stammt aus der Broschüre von Peter Baumgartner und Kornelia & Harmut Häfele 2002.

„Blended Learning“ die unterschiedlichsten Lehr- und Lernrealitäten. Auch wenn es nicht Ziel dieser Fallstudie ist, zur mediendidaktischen Begriffsentwicklung beizutragen, so soll zumindest versucht werden, den vorliegenden Lehr – und Lernkontext in möglichst präzise Begriffe zu kleiden.

Auf den ersten Blick geht es um eEducation, deren beide Aspekte, nämlich eTeaching und das häufiger verwendete eLearning mitgedacht und hinsichtlich ihrer Anschlussfähigkeit an den bildungspolitischen Rahmen analysiert werden. Die Bestimmung des „e“ gestaltet sich allerdings schwierig: elektronisches, computerunterstütztes, webunterstütztes, medienunterstütztes etc. Lernen und Lehren bietet sich an. Auch die zusammenfassende Definition von eLearning als „Anwendung von Informations- und Kommunikationstechnologien im Lernprozess“ von Seufert & Euler 2005 bleibt, obwohl sie sich sehr gut mit den Begrifflichkeiten aus europäischer Perspektive (vgl. Kapitel 1) deckt, wenig befriedigend. Es stellt sich nämlich die Frage, welches Lernen und Lehren heute ohne Medien-, Web- und Computerunterstützung auskommt und ob nach dieser Definition nicht alle universitären Lehr- und Lernkontexte als eEducation zu bezeichnen wären – mit Ausnahme des Vortrags, der ohne Verweise auf Internetseiten auskommt. Praktische Erfahrungen haben außerdem gezeigt, dass sich auch das vielzitierte *„triple A“* (anytime, anywhere, anybody) nicht als Unterscheidungsmerkmal von eEducation eignet, da sowohl Zeit als auch Orte und Personen bestimmten Restriktionen unterworfen sind (Baumgartner u.a. 2002). Was also unterscheidet die untersuchte Lehrveranstaltung von anderen Lehr- und Lernkontexten, wenn es nicht die Nutzung von Computern oder Internet sein kann? Dafür ist eine präzisere Beschreibung der konkreten Interaktions- und Arbeitsformen und der angebotenen technischen Unterstützung nötig.

Die vorliegende Lehrveranstaltung arbeitet mit einer Lernplattform und bietet damit eine webbasierte hybride Lehr- und Lernumgebung an. Ein solches Szenario ist aus einer forschungsorientierten mediendidaktischen Perspektive interessant. Im Unterschied zu älteren Formen von Bildungssoftware ist das Risiko des so genannten geheimen Lehrplans bei Lehrplattformen relativ hoch, wie Peter Baumgartner, österreichischer Experte für Neue Technologien und Mediendidaktik, vermutet. Lehrplattformen seien nämlich pädagogisch ambitionierter und keineswegs neutral. Sie favorisieren ein bestimmtes Lehr-/ Lernverständnis, das den AnwenderInnen nicht unbedingt bewusst sein muss (Baumgartner u.a. 2002: 7). Die Fallstudie ist als kritische Begleitforschung zu verstehen, die sich auch für mögliche Diskrepanzen zwischen Lehrdesign und Lernpraktiken interessiert, um diesem Risiko gegenzusteuern.

Als integrativer Bestandteil der untersuchten Lehrveranstaltung ist die Plattform sowohl für die Lehre (Perspektive des eTeaching), als auch für die Nutzung durch die Studierenden (Perspektive des eLearning) konzipiert. Die Inhaltsseiten

(„Kurzinhalte“ auf der Startseite) werden von den Studierenden zur Wiederholung des Prüfungsstoffes und als Angebot zur individuellen Vertiefung genützt. Die Lehrveranstaltungsleiterin blendet die Inhaltsseiten während des Präsenzunterrichts ein und richtet ihren Vortrag danach aus. Auf der Mikroebene des Lernens werden E-Medien und E-Communication (Studierende untereinander und mit LV-Leiterin) kombiniert (Seufert & Euler 2005: 6). Die Studierenden nützen die themenbezogenen Diskussionsforen sowohl zur Interaktion mit der Lehrveranstaltungsleiterin als auch zur Kontaktaufnahme mit KollegInnen. Wenn in der Untersuchung von „E-Komponente“ die Rede ist, dann wird diese kombinierte Nutzung von elektronischen Medien für das Lehren/Lernen und für die Kommunikation angesprochen.

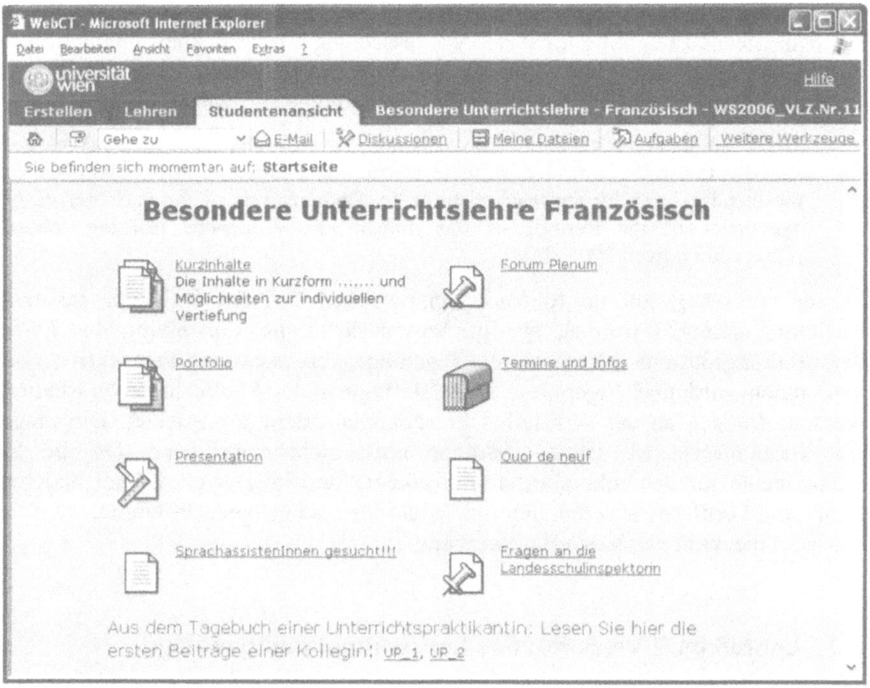

Abbildung 3: Die Startseite in StudentInnenansicht

Auf einer Mesoebene werden in der untersuchten Lehrveranstaltung Formen des Präsenzlernens mit eLearning/Teaching kombiniert, wofür auch das Modewort Blended Learning in Verwendung ist (Seufert & Euler 2005: 7). Aus pragmatischen wie lerntheoretischen Gründen ist es allerdings angebracht, der Verwendung des Begriffes „Blended Learning“ vorsichtig bis skeptisch gegenüberzustehen, wie die erhellende und für die vorliegende Studie aufschlussreiche Kritik von Oliver & Trigwell 2005 zeigt. Demnach stamme Blended Learning ursprünglich aus dem Organisationskontext und bezeichnet einen Kompromiss zwischen den kostspieligeren Varianten des reinen Online- und des reinen Face-to-face-Lernens. Oliver & Trigwell 2005 gehen von der Frage aus: „Was wird kombiniert?" Mit der kritischen Diskussion der möglichen Antworten (online und face-to-face, elektronisches und traditionelles Lernen, Medien, Kontexte, Lerntheorien, Lernziele, pädagogische Ansätze) zeigen sie, wie die unreflektierte Verwendung des Begriffs entweder zu Redundanz oder Inkonsistenzen, und schließlich zu Inhaltsleere führt. Boeckmann (2006: 13) präferiert aus ähnlichen Überlegungen den Terminus „Verbundlernen", der an Konzepte der traditionellen Medienpädagogik anknüpft und die Integration der verschiedenen Lernkanäle mehr betont. Oliver & Trigwell 2005 optieren hingegen für eine Beibehaltung des Begriffs Blended Learning unter der Voraussetzung einer Rückbesinnung auf die Perspektive der LernerInnen und einer Fokusverschiebung vom Inhalt zur Erfahrung (der Lernenden), sowie von der Technologie zur Pädagogik:

> This position, arguing that the word 'learning' be rightfully returned to the learner, suggests that what is needed in future research is a shift away from manipulating the blend as seen by the teacher, to an in-depth-analysis of the variation in the experience of the learning of the student in the blended learning context (Oliver & Trigwell 2005: 24).

Dieser Forderung soll im folgenden empirischen Teil der Fallstudie insofern Rechnung getragen werden, als im Anschluss an die Vorstellung des Lehrveranstaltungsdesigns (Perspektive eTeaching), die eLearning-Perspektive eingenommen wird und Ergebnisse einer Befragung der Studierenden präsentiert werden, die sich an der skizzierten Perspektivenänderung ausrichtet. Die Frage der Terminologie ist damit allerdings noch nicht entschieden. Da die E-Komponente für die Lehrveranstaltung wichtig und im Design als mit anderen Lehr- und Lernformen verbunden (und nicht als addiert) gedacht wurde, wäre E-Verbund die wohl präziseste Beschreibung.

3.3 Lehren im E-Verbund: das Lehrveranstaltungsdesign

Die untersuchte Lehrveranstaltung wurde im Wintersemester 2005/06 zum ersten Mal mit der universitären Lernplattform WebCT angeboten.[54] Die drei Teile der Lehrveranstaltung, nämlich Präsenzlehre (9 Doppelstunden und 1 Doppelstunde

[54] Dem waren erste „eLearning"-Schritte mit einer anderen Plattform, nämlich ILIAS, vorangegangen. Diese ersten Erfahrungen, Probleme und die Schlussfolgerungen daraus sind in Vetter 2006 dokumentiert.

Kolloquium), Portfolio (als Teil der Prüfung) und Lernaufgaben (2 Online-Phasen) blieben seither ebenso konstant wie die integrative (und nicht additive) Kombination von traditionellen Lehr- und Lernphasen im Hörsaal und auf der Plattform. Die E-Komponente ist mehrfach integriert. Zum einen bereiten die ausschließlich online verfügbaren Lernaufgaben die Inhalte der Präsenzphase vor oder nach. Die Studierenden können ihre Bearbeitungen der Aufgaben auf die Plattform stellen. Das dafür eingerichtete Forum ist jeweils zwei Wochen geöffnet, danach werden besonders präzise oder originelle Zugänge bzw. Ungenauigkeiten der studentischen Arbeiten in der Präsenzveranstaltung von der LV-Leiterin angesprochen.

Die Arbeit zum Portfolio kann, muss aber nicht in das vorgesehene Forum gestellt werden. Studierende, die ihre Ausarbeitungen zum Portfolio online stellen, bekommen auf die Erstfassung ein Feedback. Dass dieses Angebot gerne in Anspruch genommen wird, zeigt allein die Anzahl von über 70 Nachrichten (von insgesamt ca. 35 aktiven TeilnehmerInnen) im Forum „Portfolio".

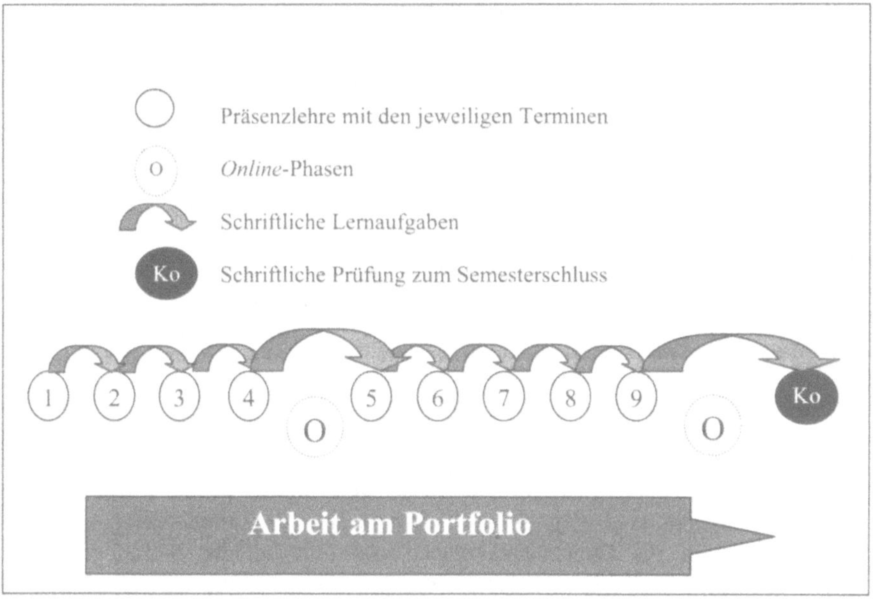

Abbildung 4: Lehrveranstaltungsdesign

Die ständige kritische Begleitung und Evaluierung der Lehrveranstaltung durch Befragung der Studierenden während und am Ende des Semesters führt dazu, dass die Vorlesung auch im untersuchten Wintersemester 2006/07 nicht als „fertig" bezeichnet werden kann, obwohl sich das oben skizzierte Design seit dem

Wintersemester 2005/06 nicht verändert hat. Es handelt sich immer noch um „*work in progress*“, ein Stadium in der Entwicklung einer Lehrveranstaltung, aber nicht das „Endergebnis“ der Entwicklung eines Blended-Learning-Konzepts.

Die laufenden Evaluierungen während und am Ende der vergangenen Semester haben zu bedeutenden Veränderungen innerhalb der einzelnen Kategorien geführt: Das Portfolio wurde aufgrund des von den Studierenden häufig artikulierten zeitlichen Aufwandes um einen Punkt gekürzt. Auch die Lernaufgaben seien, so die Ergebnisse der Evaluierungen, allzu zeitaufwändig. Aus diesem Grund wurde versucht, die Lernaufgaben als Gruppenarbeit (2-3 Studierende) im kollaborativen Lernen abzuwickeln – was nur teilweise und aufgrund des großen Einsatzes einer E-Tutorin funktionierte. Zumindest ein Drittel der Gruppen hatte mit nicht oder zu wenig aktiven Mitgliedern zu kämpfen und die Organisation nahm zunehmend Zeit der Präsenzlehre in Anspruch. Da im folgenden Semester außerdem keine E-Tutorin mehr zur Verfügung stand, sind die Lernaufgaben seither wieder in Einzelarbeit zu erledigen; die Ergebnisse können, müssen aber nicht auf der Plattform bekannt gegeben werden. Als „Belohnung“ für die tatsächlich recht anspruchvollen Aufgaben wird die Prüfungsnote jener Studierenden, die alle Anweisungen innerhalb der 14-tägigen Frist fertig und auf die Plattform gestellt haben, um einen Grad hinaufgesetzt.

Weitere Veränderungen ergeben sich hinsichtlich der Einbindung von GastreferentInnen. So traten die Studierenden des Sommersemesters 2006 mit zwei ExpertInnen der Fachdidaktik im so genannten „Expertinnenforum“ in virtuellem Austausch, während im Wintersemester der tatsächliche Besuch der Landesschulinspektorin für Niederösterreich möglich war. Zudem hat sich in diesem Semester eine ehemalige Studentin, die derzeit gerade das Unterrichtspraktikum ablegt, bereit erklärt, den Studierenden ihre Erfahrungen zu kommunizieren. Ihre Erfahrungsberichte finden sich im Wintersemester 2006/07 auf der Startseite der Lernplattform wieder.

Ebenfalls auf der Startseite sind ganz aktuelle Unterlagen von Schulbehörden einzusehen. Die Studierenden des Wintersemesters 2006/07 wurden so beispielsweise auf das Maturareformpapier von Dezember 2006 aufmerksam gemacht. Im kommenden Semester werden diese Unterlagen in die Inhaltsseiten integriert. Letztere sind also ebenfalls kontinuierlichen Veränderungen unterworfen, da sich ihr Gegenstandsbereich ebenfalls ständig weiterentwickelt. Rechtliche Grundlagen, Empfehlungen der Landesschulräte und Lehrpläne sind nur dann sinnvoll, wenn sie auch wirklich aktuell sind.

Mit den Beispielen ist die Schnittstelle zur Schule angesprochen; die Möglichkeiten der Lernplattform eignen sich diesbezüglich sehr gut, indem sowohl Unterlagen zur Arbeitsorganisation wie Stunden- und Semesterplanung als auch Unterrichtsmaterialien, wie herunterladbare Hör- und Videosequenzen mit didaktischem Begleitmaterial, von den Studierenden per Mausklick abgerufen werden können.

Die Überlegung, die Studierenden mehr in Forschungsaktivitäten einzubinden, führte zum gemeinsamen Forschungsprojekt „Unterrichtsbeobachtung", das seit dem Sommersemester 2006 durchgeführt wird. Die Studierenden bekommen Beobachtungsaufgaben und begeben sich damit in von ihnen selbst ausgewählte Schulen. Dort beobachten sie ein bis zwei Französischstunden nach den vereinbarten Kriterien und geben die Ergebnisse dann im Forum „Unterrichtsbeobachtung" bekannt. Am Ende des Semesters wurden diese Einzelbeobachtungen von der Lehrveranstaltungsleiterin verglichen und in einem kurzen Bericht zusammengefasst. Den Studierenden des Wintersemesters 2006/07 steht bereits der Bericht des vorigen Semesters zur Verfügung, und sie nehmen in den eigenen Beobachtungen Bezug auf Ähnlichkeiten und Unterschiede zu ihren VorgängerInnen. Durch dieses Unterrichtsprojekt entsteht zu einem abgegrenzten Bereich gemeinsames Wissen, das die Standard-Inhalte der Lehrveranstaltung überschreitet und auf eigenen Forschungsaktivitäten der Studierenden basiert.

Die hybride webbasierte Lernumgebung bietet sich auch für andere Formen der Vernetzung von Forschung und Lehre an. Es ist nicht immer zeitlich und organisatorisch möglich, rezente Forschungsergebnisse im Rahmen einer einführenden Lehrveranstaltung zu diskutieren. Völlig unkompliziert ist es hingegen, Verweise darauf oder verfügbare Vortragsunterlagen etc. auf die Plattform zu stellen und die Studierenden darauf hinzuweisen. Diese Vernetzungsmöglichkeiten gehen teilweise über die im Studienplan vorgesehenen Inhalte hinaus und sprechen besonders die Autonomie der Lernenden an. Die Möglichkeiten zur virtuellen Kommunikation – auch mit der Lehrveranstaltungsleiterin – sichern, dass Autonomie nicht bedeutet, die Lernenden mit den möglicherweise komplexen Inhalten allein zu lassen. Daran knüpft sich die nicht zu unterschätzende Verpflichtung der Lehrveranstaltungsleiterin zu Präsenz auf der Plattform.

Bindet man die Beschreibung des Lehrveranstaltungsdesigns an die Kategorisierung so genannter eLearning-Welten (Abb. 5), so würde es sich eher um den Typ A handeln: Das Design sieht vor, dass die Studierenden eher individuell lernen. Bezüglich der Inhalte befindet sich die Vorlesung allerdings an einer Schnittstelle. Auf der einen Seite werden durch den Studienplan vorgegebene Standard-Inhalte angeboten, das Projekt „Unterrichtsbeobachtung" und die Einbindung von GastreferentInnen schaffen aber andererseits Wissen, das nicht von vornherein festgelegt ist und auch nicht eingeplant werden kann.

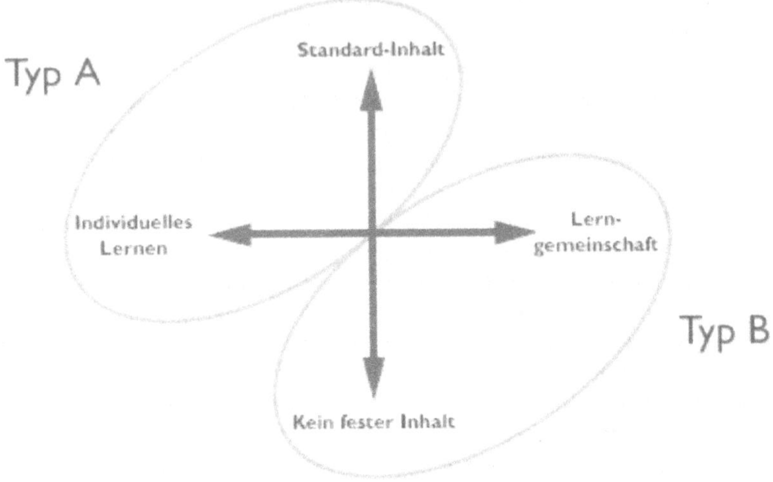

Abbildung 5: eLearning-Welten (Seufert & Euler 2005, angelehnt an Schulmeister 2005: 487)

Aus dem vorgestellten Lehrveranstaltungsdesign lassen sich unschwer Anknüpfungspunkte zu den bildungspolitischen Rahmenbedingungen ableiten. Die angehenden LehrerInnen lernen vielseitige Anwendungsmöglichkeiten von IKT im Fremdsprachenunterricht kennen und erfahren, wie IKT zur Erreichung von Lehr- und Lernzielen eingesetzt werden können. Sie sehen Beispiele für Möglichkeiten der Arbeitsorganisation mit IKT-Unterstützung und erleben, wie IKT die LernerInnenautonomie ansprechen. Die im Entwicklungsplan entworfenen Visionen für die universitätsweite LehrerInnenausbildung werden ganz besonders über die Schnittstelle Forschung – Praxis unterstützt. Im folgenden Kapitel wird die Anschlussfähigkeit dieses Lehrdesigns an die konkreten Lernpraktiken der Studierenden näher untersucht.

3.4 Die Perspektive der Studierenden

3.4.1 Der Fragebogen

Das Ziel der Beforschung der eLearning-Perspektive lag in einer näheren Beschreibung der Aktivitäten der Lernenden und in der fortlaufenden Evaluierung der Veranstaltung. Die Befragung erfasst 26 Studierende, die am Ende der Präsenzphase, also in der letzten Stunde vor Weihnachten 2006, die Vorlesung besuchten. Damit sind Studierende, die ausschließlich auf der Plattform anwesend waren, ausgeschlossen. Aufgrund der geringen TeilnehmerInnenzahl beschränkt sich die statistische Auswertung auf Kreuztabellen. Die Ergebnisse sind nur bedingt repräsentativ, zeigen allerdings bestimmte Tendenzen auf.

Die Entwicklung des Fragebogens basiert auf folgenden zwei Forschungsfragen:

- Gibt es Diskrepanzen zwischen der Perspektive des Lernens und jener des Lehrens?

  In einer anonymen Lehrveranstaltung ist nicht ersichtlich, ob diejenigen, die virtuell anwesend sind, auch im Hörsaal präsent sind. Würde sich herausstellen, dass die Lernenden entweder präsent sind oder die Plattform benützen, so müsste dies ein *Redesign* zur Folge haben, um die bildungspolitischen Ziele des europäischen Rahmens wirklich anzusprechen. Dies gilt auch für das mögliche Ergebnis, dass die Lernenden eine ganz bestimmte Aktivität bevorzugt ausüben oder ausüben würden und zu anderen Aktivitäten nicht oder höchst selten kommen würden. Damit wäre das Ziel, die Vielseitigkeit des IKT-Einsatzes im Unterricht kennen zu lernen, möglicherweise gefährdet.

- Wie bewerten die Studierenden die Vorlesung (Unterschied zu anderen Vorlesungen und allgemein)?

  Die Evaluierung der Lehrveranstaltung geht von den Erfahrungen der Studierenden mit eLearning aus. Die Frage, ob sie diese Veranstaltung als „normale Lehrveranstaltung“ bezeichnen würden, wird ergänzt von der offenen Frage zu den Unterschieden und der Bewertung derselben. Die Hypothese, dass die Unterschiede zu anderen LVs mit der E-Komponente zusammenhängen, wie dies der Wahrnehmung der LV-Leiterin entspricht, soll getestet werden und könnte durch die offene Fragestellung möglicherweise zu einer studentischen Definition von „Lernen im E-Verbund“ führen. Es könnte sich natürlich auch herausstellen, dass die Arbeit mit Lernplattformen mittlerweile schon so verbreitet ist, dass die Vorlesung von den Studierenden als „normal“ klassifiziert würde. Die letzte Frage nach der Intensität der Interaktion zwischen Studierenden und Lehrender beruht auf der Vermutung der Lehrveranstaltungsleiterin, dass die Interaktionen mit den Studierenden seit der Arbeit mit der Plattform wesentlich intensiver sind. Das Erfassen der Stärken und Schwächen der Vorlesung ist für die Weiterentwicklung zentral.

Die Fragen

1. Meine Aktivitäten im Rahmen der LV
   A – anwesend im Hörsaal (regelmäßig)

   B – anwesend auf der Plattform (regelmäßig)

   C – anwesend im Hörsaal und auf Plattform (regelmäßig)

   D – Hörsaal, aber nicht Plattform

   E – Plattform, aber nicht Hörsaal
2. Ich studiere im x-ten Semester:
3. Ich würde diese LV als „normale" LV bezeichnen: ja/nein
4. Ich habe schon in anderen LV mit Lernplattformen gearbeitet: ja/nein
5. eTeaching und eLearning ist mir aus anderen LV bekannt: ja/nein
6. Die 5 wichtigsten Unterschiede zu einer „normalen" Vorlesung waren:.........
7. Wie lassen sich diese Punkte in einer Stärken / Schwächen-Tabelle verorten?:
8. Ich habe die Lernplattform für folgende Aktivitäten verwendet:
   A – Informieren über die Inhalte

   B – Informieren über die Organisation

   C – Lernaufgaben (*assignments*)

   D – Portfolio

   E – Interaktion mit den KollegInnen

   F – Interaktion mit der LV-Leiterin

   E – ....
9. Ich habe die LV am häufigsten verwendet für........... (Reihung der ersten 3)
10. Bis zur Prüfung werde ich die LV verwenden für.......... (Reihung der ersten 3)
11. Ich hätte sie gerne verwendet für.....
12. Wenn ich die Wahl hätte, würde ich eine VO diesen Typs vorziehen: ja/nein
13. Intensitätskontinuum (Häufigkeit der Interaktion mit LV-Leiterin im Vergleich zu anderen LV)

3.4.2 Die Ergebnisse

Im E-Verbund lernen – die Sicht der Studierenden

Die Studierenden sollten angeben, welche Aktivitäten sie bis zum Ende der Präsenzphase im Rahmen der Vorlesung gesetzt hatten. Niemand machte von der Möglichkeit Gebrauch, andere als die fünf vorgegebenen Antwortmöglichkeiten anzuführen. Die Ergebnisse zeigen deutlich, dass die meisten der 26 befragten

Studierenden sowohl im Hörsaal, als auch auf der Plattform regelmäßig anwesend waren (Abb. 6).

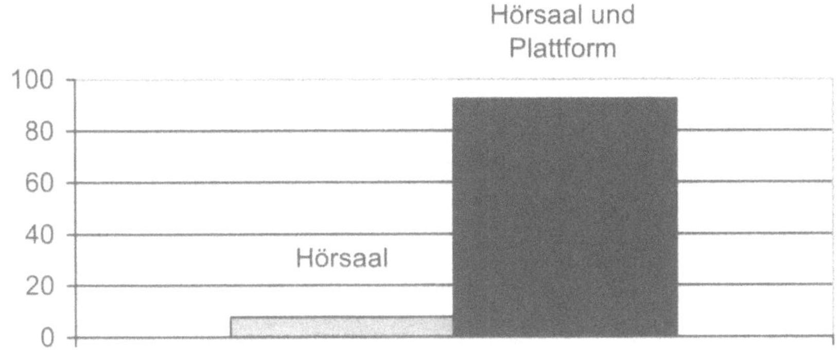

Abbildung 6: studentische Aktivitäten bis zum Ende der Präsenzphase

Hier kommt natürlich die methodische Beschränkung zum Tragen, dass ausschließlich am Ende der Präsenzphase im Hörsaal anwesende Studierende befragt wurden und somit nicht Anwesende und Studierende, die möglicherweise ausschließlich online arbeiten, nicht erfasst werden konnten. Ein Vergleich mit den auf der Plattform dokumentierten Ereignissen zeigt, dass sich 70 Studierende eingeschrieben hatten und 32 Studierende regelmäßig die Lernaufgaben online stellten, etwas mehr als die Hälfte dieser war auch in den anderen Diskussionsforen regelmäßig aktiv. Dies entspricht ungefähr den Erfahrungswerten aus vergangenen Semestern. Hinsichtlich einer Differenzierung in „eingeschriebene" und aktive Studierende decken sich die Anteile auch mit den Erfahrungen aus jenen Semestern, in denen noch nicht im E-Verbund unterrichtet wurde. Im Durchschnitt treten circa 30 Studierende zum ersten Prüfungstermin an. Die Angaben lassen darauf schließen, dass ein Großteil dieser aktiven Studierenden erfasst wurde und dass ihre Aktivitäten tatsächlich Lernplattform und Hörsaal verbanden.

Eine nähere Charakterisierung der studentischen Arbeiten auf der Lernplattform macht die klare Dominanz der Lernaufgaben deutlich. Die Online-Einträge auf der Plattform bestätigen, dass die häufigste Aktivität der Studierenden die Bearbeitung der Lernaufgaben ist. Dies entspricht dem Lehrkonzept, denn die Lernaufgaben sind mit den Inhalten der Präsenzphase eng verzahnt und

Prüfungsstoff. Die LV-Leiterin wies außerdem zu Beginn der LV darauf hin, dass es zwar im Rahmen einer Vorlesung nicht verpflichtend, wohl aber sehr sinnvoll ist, die Lernaufgaben innerhalb einer zweiwöchigen Frist zu erledigen.

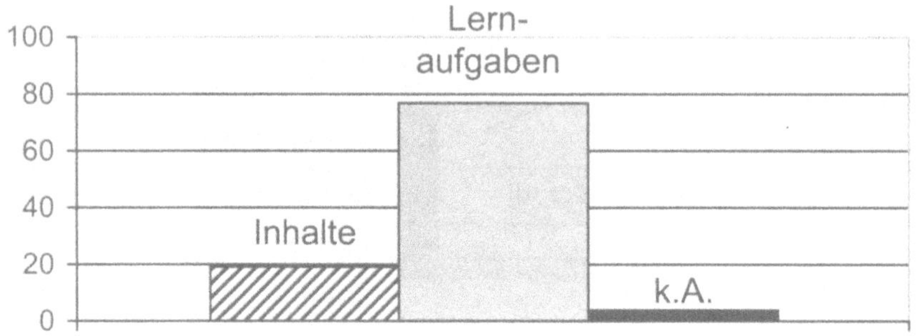

Abbildung 7: Häufigste Aktivitäten auf der Plattform

In den anderen Foren zeigten sich nach Ende der Präsenzphase vermehrte Aktivitäten: 90 der insgesamt 127 Nachrichten im Forum „Plenum", 103 der insgesamt 105 Nachrichten im Forum „Portfolio" stammen aus den Wochen zwischen Ende der Präsenzphase und erstem Prüfungstermin.

In der Prüfungsvorbereitungszeit wollen die Studierenden die Lernplattform vor allem nutzen, um sich über die Inhalte zu informieren (70%) oder das Portfolio zu bearbeiten (27%). Die häufigeren Einträge im Forum „Portfolio" belegen dies.

Erfahrungen mit und Evaluierung von eLearning und eTeaching

Der Großteil der LehrveranstaltungsteilnehmerInnen (76,9%) studiert im ersten Semester. Diese Verortung ist auch im Studienplan der Romanistik so vorgesehen. Es ist also davon auszugehen, dass sich ihre Erfahrungen mit eLearning und eTeaching auch auf den außeruniversitären, also zumeist schulischen, Bereich beziehen werden.

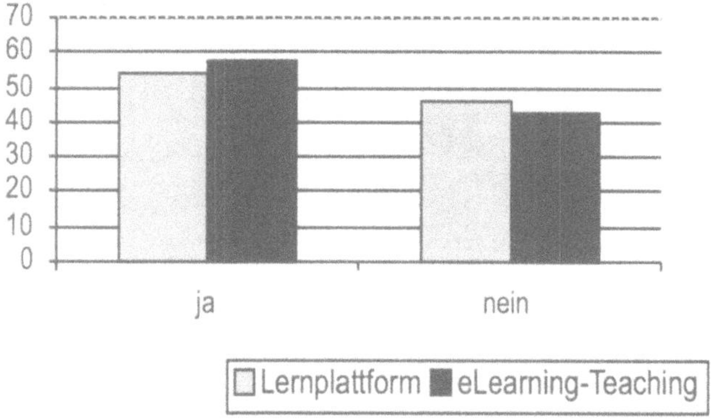

Abbildung 8: Erfahrungshorizont der Studierenden

Knapp über die Hälfte der Studierenden hat Erfahrungen mit eLearning, etwas weniger, aber ebenfalls mehr als 50%, haben auch schon mit einer Lernplattform gearbeitet. Ohne dies mit Zahlen belegen zu können, kann aus der Sicht der Lehrveranstaltungsleiterin festgestellt werden, dass die Vorgänger-Plattform zu Beginn ihrer Einführung im Wintersemester 2003/04 auf relativ viel Skepsis und Unwissen unter den Studierenden gestoßen war. Letzteres hatte eine Fülle an technischen Problemen zur Folge. Die Ergebnisse des Wintersemesters 2006/07 weisen auf eine Zunahme der eLearning Erfahrung der Studierenden und eine verstärkte Verankerung von eLearning im sekundären und tertiären Bildungsbereich hin.

Trotz des Erfahrungshorizonts der Studierenden wird die Lehrveranstaltung nicht als „normal" bezeichnet. Die Hypothese der Lehrveranstaltungsleiterin, dass dies mit der E-Komponente zusammenhängt, sollte näher untersucht werden.

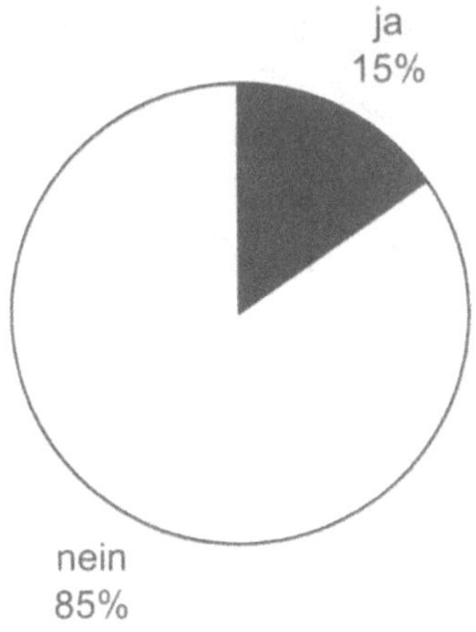

Abbildung 9: „normale“ Lehrveranstaltung

Die offenen Antworten der Studierenden sind vielfältiger und lassen sich nicht auf den Aspekt der Integration neuer Medien reduzieren. Die qualitative Inhaltsanalyse der Antworten legt eine Kategorisierung der Unterschiede zu anderen Lehrveranstaltungen nach folgenden Kriterien nahe:

- E-Komponente, wie „Arbeit mit d. Plattform, Assignments per Internet“ (VAR07), „Internet“ (VAR16) und „fast alles auf Internet und Computer aufgebaut“ (VAR19);
- Gruppengröße, wie „kleinere Gruppe“, „viel weniger Studierende in einem kleinen Hörsaal (Klassenklima)“ (VAR19), „persönl. Athmosphäre“ (VAR10);
- Arbeitsformen, die nicht mit der E-Komponente zusammenhängen, wie „Besuch der Inspektorin, nicht nur ein Vortragen“ (VAR19), „Portfolio als Teil der Prüfung“ (VAR18), „nicht nur ein Vorlesen“ (VAR25), „mehr Mitarbeit“ (VAR04);
- *Student-workload*, wie „Arbeitsaufwand“ (VAR18), „zeitaufwändiger durch Hausübungen (VAR04);
- Praxisbezug, wie „Tipps für Beruf“ (VAR21);
- Sonstiges, z.B. Lehrveranstaltungstyp und emotionale Aspekte, wie „normal e-learning nur bei PS“ (VAR 25), „Vermittlung von Freude am Unterrichtsfach Französisch“ (VAR22).

Die quantitative Auszählung des Auftretens der einzelnen Kategorien zeigt, dass die eKomponente nicht am häufigsten als Unterschied genannt wird. Die Distanz zum am häufigsten genannten Kriterium „andere Arbeitsformen“ ist allerdings marginal, da sich die beiden Kategorien nur durch eine Nennung unterscheiden. Wie die Abbildung 10 zeigt, ist ein Großteil der Studierenden der Ansicht, dass sich die untersuchte LV von anderen unterscheidet, weil hier bestimmte (nicht mit der E-Komponente zusammenhängende) Arbeitsformen praktiziert werden, weil die Gruppe kleiner ist und weil neue Medien integriert werden. Die E-Komponente wird von den Studierenden als nur eines von mehreren Unterscheidungsmerkmalen zu anderen LVs wahrgenommen. Dem „einfach anders zu anderen VO's“ (VAR09) liegen also komplexe Wahrnehmungen zu Grunde, wie sich beispielhaft auch im folgenden Statement abbildet: „‚normale' Vorlesung: keine Assignments, kein Internet, kein Portfolio, ‚unpersönlicher', größere Gruppe“ (VAR14).

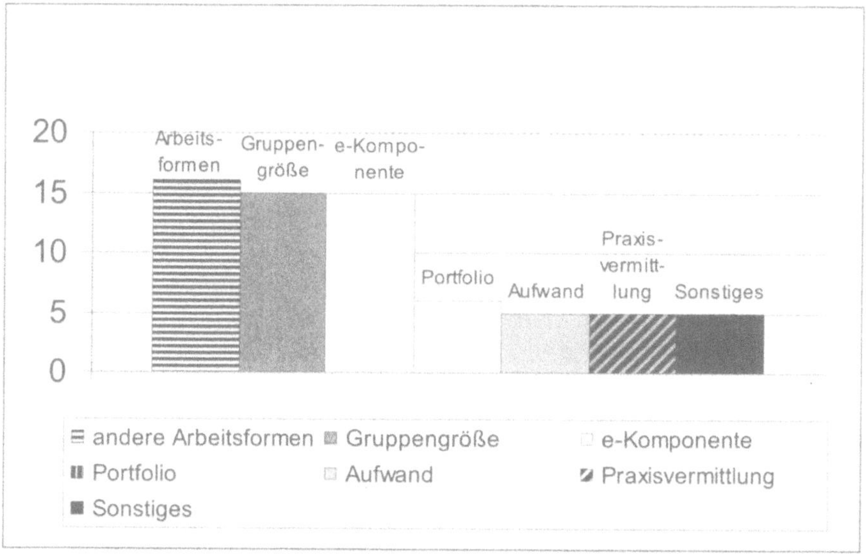

Abbildung 10: Unterschiede zu einer „normalen“ Lehrveranstaltung

Die Verortung dieser Unterschiede in einer Stärken/Schwächen-Tabelle zeigt erwartungsgemäß, dass der Aufwand am ehesten als negativ wahrgenommen wird: in drei von insgesamt fünf Nennungen wird der Aufwand explizit als negativ bezeichnet. An zweiter Stelle folgt die E-Komponente mit 2 negativen Nennungen. Wenn dies auch auf eine insgesamt sehr positive Evaluierung rückschließen lässt, so fällt doch die eindeutig formulierte Ablehnung der E-Komponente in den beiden Fällen auf: „alles auf Internet und Computer aufgebaut (ich kenne mich nicht aus) (ich habe kaum Zugriff auf Internet und Computer), Assignments (schriftl. Arbeitsaufträge wären für mich leichter und stressfreier zu bewältigen)" (VAR18). Auch im zweiten Beispiel ist die mangelnde Infrastruktur ein Grund für die Ablehnung der E-Komponente. Sowohl aus der Erfahrung der Lehrveranstaltungsleiterin als auch aus dem bildungspolitischen Kontext ist anzunehmen, dass solche Bedingungen zunehmend zur Randerscheinung werden.

Auch wenn die Studierenden die Interaktionsmöglichkeiten mit der LV-Leiterin nicht explizit als Unterscheidungskriterium zu anderen LVs genannt haben, so entsprechen ihre diesbezüglichen Antworten den Erwartungen. Für einen Großteil war die Interaktion intensiver, für einige sogar viel intensiver als in anderen LVs (Abb. 11).

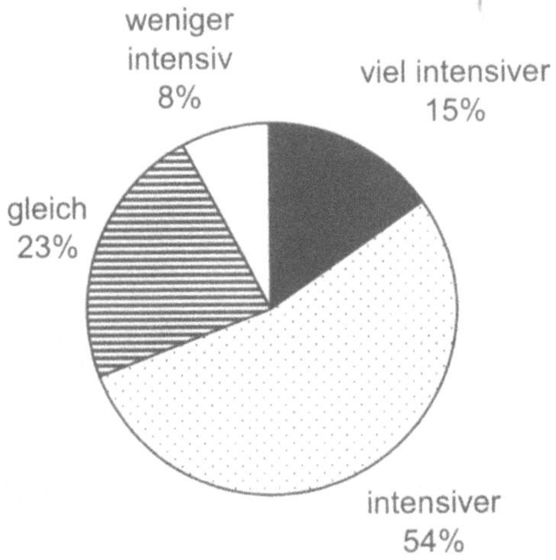

Abbildung 11: Intensität der Interaktion mit der LV-Leiterin

Die Frage, ob die Studierenden in Zukunft eine LV diesen Typs wählen würden, ist vor dem Hintergrund der vielfältigen Unterscheidungsmerkmale zu interpretieren. Wenn sich fast drei Viertel der TeilnehmerInnen für diesen Typ LV in Zukunft entscheiden würden (Abb. 12), so hängt dies mit mehr als nur der E-Komponente zusammen.

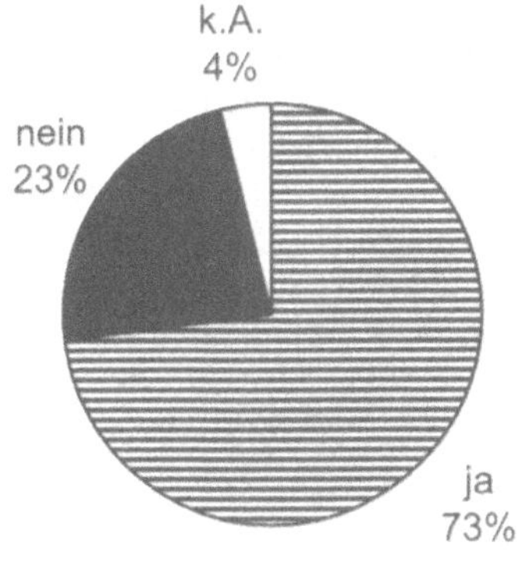

Abbildung 12: Würden Sie eine LV diesen Typs vorziehen?

Auch wenn die Daten aufgrund der geringen Feldbesetzung statistisch nicht interpretierbar sind, ist erwähnenswert, dass diejenigen Studierenden, die bereits Erfahrungen mit eLearning/Teaching mitbringen eher dazu tendieren, den vorliegenden Typ Lehrveranstaltung in Zukunft zu wählen, als die StudentInnen ohne eLearning/Teaching-Erfahrung. Erwartungsgemäß finden sich unter den Ablehnenden jene, die diese LV als besonders aufwändig empfunden hatten ebenso wie jene, die Probleme beim Zugang zu Internet und Computer manifestierten.

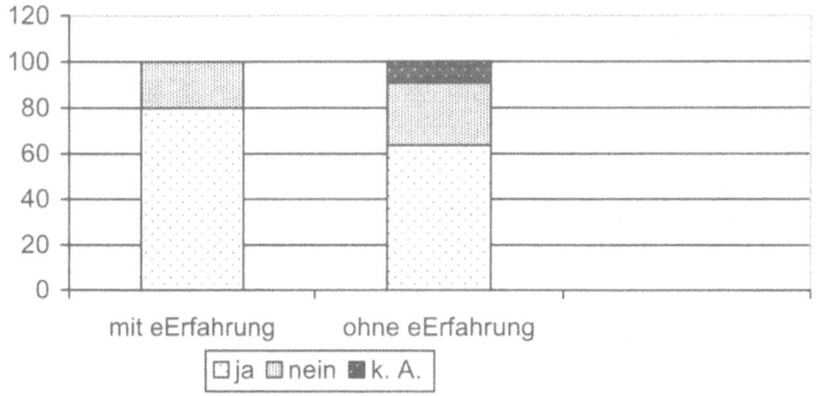

Abbildung 13: Studierenden mit und ohne eErfahrung:
Würden Sie eine LV diesen Typs vorziehen?

Zusammenfassend kann festgehalten werden, dass der im Design entworfene „E-Verbund“ auch den konkreten Praktiken der teilnehmenden Studierenden entspricht, da Online- und Präsenz-Aktivitäten in der geplanten Art und Weise integriert werden. Zur Online-Aktivität nützen die Studierenden die vielfältigen Möglichkeiten der Plattform, womit sie auch unterschiedliche Einsatzmöglichkeiten von IKT kennen lernen. Möglicherweise hängt auch die als intensiver wahrgenommene Interaktion zwischen LV-Leiterin und Studierenden mit der Kombination verschiedener Kommunikationskanäle zusammen. Dass die TeilnehmerInnen die Lehrveranstaltung letztlich als unterschiedlich zu anderen LVs wahrnehmen, liegt nur zu einem Teil am E-Verbund.

4 Zusammenfassung und Ausblick

Die Ausbildung von FremdsprachenlehrerInnen hat einer Reihe von Rahmenbedingungen Rechnung zu tragen, die eine explizite Einbeziehung von Informations- und Kommunikationstechnologien einfordern. Die Arbeitswelt angehender FremdsprachenlehrerInnen und ihrer SchülerInnen ist eine, in der Informations- und Kommunikationstechnologien einen festen Platz haben. Für Europas Weg zur Wissensgesellschaft sind Computer- und Sprachenkenntnisse Schlüsselkompetenzen. Es empfiehlt sich folglich, IKT in langfristige Bildungsziele zu integrieren und die Forschung ganz besonders im Bereich der Mediendidaktik voranzutreiben. Der vorliegende Artikel versteht sich als ein Beitrag in diese Richtung.

FremdsprachenlehrerInnen handeln in einem Bereich der von zentralem gesellschafts- und insbesondere europapolitischem Interesse ist. Ihre Ausbildung verdient daher in höchstem Maße Beachtung und sorgfältige Planung. Der Artikel kann auch als Beitrag dazu interpretiert werden.

Dass im untersuchten Vorlesungsbeispiel von „E-Verbund“ die Rede ist, soll den integrativen Ansatz unterstreichen. Das „E“ bezieht sich auf die Nutzung elektronischer Medien für die Lehre (Präsentation mit Beamer), das Lernen (in die Inhalte eingebettete Links zu relevanten Dokumenten und Internetseiten) und die Kommunikation (Diskussionsforen und internes E-Mail). Diese Form der Integration erwies sich nicht nur hinsichtlich des europäischen bildungspolitischen Rahmens als anschlussfähig. Auch die Entwicklungslinien des Lehramts an der Universität Wien fanden Unterstützung, ganz besonders hinsichtlich der Möglichkeiten realistischer Zusammenarbeit an den Schnittstellen zwischen der Schulpraxis bzw. der Forschung und der universitären Lehre.

Der Perspektivenwechsel von E-Lehren zu E-Lernen hat die vielfältige Nutzung der IKT durch die Studierenden bestätigt, ruft allerdings auch zu Vorsicht hinsichtlich einer Überbewertung der E-Komponente auf: Auch wenn diese für die

Entwicklung des LV-Designs und somit aus Sicht der Lehrenden zentral war, hängen nicht alle Unterschiede, die die Studierenden wahrnehmen, damit zusammen. Dies verleiht der Forderung nach wirklicher Integration Nachdruck. Eine moderne Ausbildung für FremdsprachenlehrerInnen kann nicht ohne IKT auskommen und sollte diese in einen allgemeinen didaktischen Ansatz integrieren.

Bibliographie

Baumgartner, Peter / Häfele, Hartmut / Häfele, Kornelia 2002: E-Learning: Didaktische und technische Grundlagen. Sonderdruck. http://www.bildung.at/statisch/bmbwk/e-learning.pdf, Zugriff 01.05.2006.

Bologna-Büro: http://bologna.univie.ac.at/, 02.01.2007

Boeckmann, Klaus-Börge 2006: Erfahrungen mit Verbundlernen in der universitären Lehre: Blended Learning mit der Plattform ILIAS. In: Mesner u.a. (Hrsg.) 2006, 11-22.

Confederation of EU Rectors' Conferences / Association of European Universities 1999: The Bologna Declaration on the European space for higher education: an explanation. http://ec.europa.eu/education/policies/educ/bologna/bologna.pdf, Zugriff 06.03.2007.

eLearning-Programme.
http://europa.eu.int/comm/education/programmes/elearning/programme_en.html, Zugriff 2.1.2007.

eLearning-Workshops.
http://ec.europa.eu/education/programmes/elearning/workshops/index_de.html,Zugriff 06.03.2007.

etwinning.
http://etwinning.net, Zugriff 02.01.2007.

Entwicklungplan der Universität Wien 2005.
http://www.qs.univie.ac.at/fileadmin/user_upload/qualitaetssicherung/PDF/Forschungsplattformen/entwicklungsplan.pdf, Zugriff 01.05.2006.

Europäisches Parlament / Rat der Europäischen Union 2006: Empfehlung des Europäischen Parlaments und des Rates vom 18. Dezember 2006 zu Schlüsselkompetenzen für lebensbegleitendes Lernen. 2006/962/EG. In: Amtsblatt der Europäischen Union. http://eur-lex.europa.eu/LexUriServ/site/de/oj/2006/l_394/l_39420061230de00100018.pdf, Zugriff 2.1.2007.

European Commission (Directorate-General for Education and Culture) 2004: Implementation of "Education & Training 2010" Work Programme. Working Group C "ICT in Education and Training" Progress Report, November 2004.
http://ec.europa.eu/education/policies/2010/doc/info2004.pdf, Zugriff 02.01.2007.

Institut für Romanistik: Studienplan Teil Lehramt Französisch, Italienisch und Spanisch. http://www.univie.ac.at/Romanistik/HTM/STUDIUM/stplan_lehramt_voll.doc, Zugriff 06.03.2007.

Kelly, Michael / Grenfell, Michael / Allan, Rebecca / Kriza, Christine / McEvoy, William 2004: Europäisches Profil für die Aus- und Weiterbildung von Sprachenlehrkräften: ein Referenzrahmen. (Bericht an die Europäische Kommission Generaldirektion Bildung und Kultur, September 2004)
http://ec.europa.eu/education/policies/lang/doc/profilebroch_de.pdf, Zugriff 01.05.2006.

Kommission der Europäischen Gemeinschaften 2003: Förderung des Sprachenlernens und der Sprachenvielfalt: Aktionsplan 2004-2006. KOM(2003) endgültig. http://ec.europa.eu/education/doc/official/keydoc/actlang/act_lang_de.pdf, Zugriff 01.05.2006.

Kommission der Europäischen Gemeinschaften 2005: Eine neue Rahmenstrategie für Mehrsprachigkeit. KOM(2005) 596 endgültig. http://ec.europa.eu/education/policies/lang/doc/com596_de.pdf, Zugriff 01.05.2006.

Mesner, Maria / Rieder, Michaela / Zwiauer, Charlotte (Hrsg.) 2006: eLearning beginnen. Die Pilotphase der Universität Wien. Frankfurt: Lang.

Oliver, Martin / Trigwell, Keith 2005: Can ‚Blended Learning' Be Redeemed? In: E-Learning 2/1, 17-26.

Rat der Europäischen Union 2001: Bericht des Rates (Bildung) an den Europäischen Rat „Die konkreten künftigen Ziele der Systeme der allgemeinen und beruflichen Bildung". 5980/01 EDUC 23. http://ec.europa.eu/education/policies/2010/doc/rep_fut_obj_de.pdf, Zugriff 01.05.2006.

Rat der Europäischen Union 2004: „Allgemeine und berufliche Bildung 2010" – Die Dringlichkeit von Reformen für den Erfolg der Lissabon-Strategie. Gemeinsamer Zwischenbericht des Rates und der Kommission über die Maßnahmen im Rahmen des detaillierten Arbeitsprogramms zur Umsetzung der Ziele der Systeme der allgemeinen und beruflichen Bildung in Europa. 6905/04 EDUC 43. http://ec.europa.eu/education/policies/2010/doc/jir_council_de.pdf, Zugriff 06.03.2007.

SN 100/1/02 REV 1: Precidency Conclusions. Barcelona European Council 15 and 16 March 2002. http://ue.eu.int/ueDocs/cms_Data/docs/pressData/en/ec/71025.pdf, Zugriff 02.01.2007.

Seufert, Sabine / Euler, Dieter 2005: Learning Design: Gestaltung eLearning-gestützter Lernumgebungen in Hochschulen und Unternehmen. http://www.scil.ch/publications/docs/2005-09-seufert-euler-learning-design.pdf, Zugriff 01.05.2006.

Sliwka, Anne (2006): Teachers Matter: Attracting, Developing and Retaining Effective Teachers. Referat gehalten im Rahmen der Tagung "Das Lehramtsstudium in der europäischen Studienarchitektur", 7. 11. 2006, Universität Wien.

Tagungsunterlagen „Das Lehramtsstudium in der europäischen Studienarchitektur" 2006, http://bologna.univie.ac.at/index.php?id=bb-veranstaltungen, 02.01.2007

Universität Wien 2006: Entwicklungsplan. http://public.univie.ac.at/fileadmin/user_upload/public/pdf/Entwicklungsplan-2006.pdf, Zugriff 06.03.2007.

Vetter, Eva 2006: „Das eLearning finde ich ganz angenehm, ..." Blended Learning in einer didaktischen Einführungslehrveranstaltung. In: Mesner u.a. (Hrsg.) 2006, 109-127.

Mag. Dr. Eva Vetter
Institut für Romanistik
Universität Wien
Garnisongasse 13, Hof 8
1090 Wien
e-mail: eva.vetter@univie.ac.at

Zu den Autoren:

Klaus-Börge Boeckmann, Studium der Pädagogik, Sprachwissenschaft und Anglistik an den Universitäten Klagenfurt und Wien; 1990–1992 Pädagogischer Assistent beim Verband Wiener Volksbildung; 1993–2007 Univ.-Assistent, Ass.-Professor und Ao. Professor für Deutsch als Fremdsprache an der Universität Wien; 1996–2001 Forschungs- und Lehraufenthalt in Japan; 2005 Univ.-Professor für Interkulturelle Kommunikation an der Universität Jena; seit 2007 Univ.-Professor für Deutsch als Fremdsprache an der Universität Wien.

Angelika Rieder-Bünemann, 1989–1995 Lehramtsstudium Mathematik und Englisch an den Universitäten Wien und London; 1996–2001 wissenschaftliche Angestellte am Institut für Englische Philologie der Universität Tübingen; Mitarbeit an EU-Projekten mit Schwerpunkt computergestütztes Sprachenlernen; seit 2002 Univ.-Assistentin und Vertragslehrerin am Institut für Anglistik und Amerikanistik der Universität Wien.

Eva Vetter, 1986–1990 Lehramtsstudium Französisch und Geografie in Wien; 1993–2006 Lehrerin an einem Gymnasium in Krems; wissenschaftliche Mitarbeit an Projekten des Instituts für Sprachwissenschaft und Romanistik (Wien) mit den Schwerpunkten Text- und Diskursanalyse und Sprach- bzw. Kulturkonflikt; 1998–2003 Lektorin; 2003–2007 Assistentin am Institut für Romanistik der Universität Wien.

SPRACHE IM KONTEXT

Herausgegeben von Martin Stegu und Ruth Wodak

Band 1 Martin Stegu/Rudolf de Cillia (Hrsg.): Fremdsprachendidaktik und Übersetzungswissenschaft. Beiträge zum *Verbal*-Workshop 1994. 1997.

Band 2 Eva Vetter: Nicht mehr Bretonisch? Sprachkonflikt in der ländlichen Bretagne. 1997.

Band 3 Bernhard Kettemann/Rudolf de Cillia/Isabel Landsiedler (Hrsg.): Sprache und Politik. *Verbal*-Werkstattgespräche. 1998.

Band 4 Martin Stegu: Postmoderne Semiotik und Linguistik. Möglichkeiten, Anwendungen, Perspektiven. 1998.

Band 5 Bernhard Kettemann/Martin Stegu/Hartmut Stöckl (Hrsg.): Mediendiskurse. *Verbal*-Workshop Graz 1996. 1998.

Band 6 Franz Rainer/Martin Stegu (Hrsg.): Wirtschaftssprache. Anglistische, germanistische, romanistische und slavistische Beiträge. Gewidmet Peter Schifko zum 60. Geburtstag. Unter Mitarbeit von Heinz Kiko. 1998.

Band 7 Maria Arduç: Therapie – Sprache – Traum. Die Kommunikation in der Katathym-imaginativen Psychotherapie. 2000.

Band 8 Michael Klemm: Zuschauerkommunikation. Formen und Funktionen der alltäglichen kommunikativen Fernsehaneignung. 2000.

Band 9 Manfred B. Sellner (Hrsg.): Fremdsprachendidaktik & Zweitspracherwerb im Kontext. 2001.

Band 10 Helmut Gruber/Florian Menz (Hrsg.): Interdisziplinarität in der Angewandten Sprachwissenschaft. Methodenmenü oder Methodensalat? 2001.

Band 11 Magdalena Telus: Gruppenspezifisches Stereotyp. Ein Modell der Einbettung in die Textproduktion. An russischem, polnischem und deutschem Material. 2002.

Band 12 Oswald Panagl/Horst Stürmer (Hrsg.): Politische Konzepte und verbale Strategien. Brisante Wörter – Begriffsfelder – Sprachbilder. 2002.

Band 13 Regina Hänchen: Die französische Marketingsprache. Eine diachrone Untersuchung ihrer Terminologie anhand der *Revue Française du Marketing* (1960–2000). 2002.

Band 14 Joybrato Mukherjee: Korpuslinguistik und Englischunterricht. Eine Einführung. 2002.

Band 15 Gertraud Havranek: Die Rolle der Korrektur beim Fremdsprachenlernen. 2002.

Band 16 Heide Maria Pfennigbauer: The Professional Image of Graduates of English Studies of Vienna University. 2003.

Band 17 Brigitta Busch/Rudolf de Cillia (Hrsg.): Sprachenpolitik in Österreich. Eine Bestandsaufnahme. 2003.

Band 18 Rainer Franz / Achim Stein (a cura di): I nuovi media come strumenti per la ricerca linguistica. 2003.

Band 19 Ewald Ehtreiber: „Alles für unser Österreich!" Das Bild Österreichs in den Regierungserklärungen der Zweiten Republik. 2003.

Band 20 Helmut Gruber / Florian Menz / Oswald Panagl (Hrsg.): Sprache und politischer Wandel. 2003.

Band 21 Rudolf de Cillia / Michaela Haller / Bernhard Kettemann: Innovation im Fremdsprachenunterricht. Eine empirische Studie zum Europasiegel für innovative Sprachenprojekte. 2005.

Band 22 Doris Carmen Rusch: Online Journalismus. Von den Möglichkeiten der Web-Inszenierung zum audio-visuellen Gesamtereignis am Beispiel online-journalistischer Kulturberichterstattung in Österreich und den USA. 2006.

Band 23 Eva Martha Eckkrammer / Gudrun Held (Hrsg.): Textsemiotik. Studien zu multimodalen Texten. 2006.

Band 24 Bernhard Kettemann / Georg Marko (eds.): Planing, Gluing and Painting Corpora. Inside the Applied Corpus Linguist's Workshop. 2006.

Band 25 Ursula Doleschal / Helmut Gruber (Hrsg./eds.): Wissenschaftliches Schreiben abseits des englischen *Mainstreams*. Academic Writing in Languages Other than English. 2007.

Band 26 Christiane Dalton-Puffer / Ute Smit (eds.): Empirical Perspectives on CLIL Classroom Discourse. 2007.

Band 27 Ursula Doleschal / Edgar Hoffmann / Tilmann Reuther (Hrsg.): Sprache und Diskurs in Wirtschaft und Gesellschaft. Interkulturelle Perspektiven. 2007.

Band 28 Julia Isabel Hüttner: Academic Writing in a Foreign Language. An Extended Genre Analysis of Student Texts. 2007.

Band 29 Klaus-Börge Boeckmann / Angelika Rieder-Bünemann / Eva Vetter (Hrsg.): eLernen/eLearning/Apprentissage en ligne in der sprachenbezogenen Lehre. Prinzipien, Praxiserfahrungen und Unterrichtskonzepte. 2008.

Band 30 Johannes Schnitzer: Vertikale Variation im Fachwortschatz. Am Beispiel der argentinischen Börsenberichterstattung. 2008.

www.peterlang.de

Peter Lang · Internationaler Verlag der Wissenschaften

Burkhard Schaeder

Studienbibliographie Germanistische Linguistik

Frankfurt am Main, Berlin, Bern, Bruxelles, New York, Oxford, Wien, 2005.
122 S.
Bibliographien zur Literatur- und Mediengeschichte.
Herausgegeben von Peter Gendolla, Hermann Korte und Karl Riha. Bd. 9
ISBN 978-3-631-53953-8 · br. € 12.80*

Die Bibliographie ist für Studierende der Germanistischen Linguistik sowie sonstiger linguistikhaltiger Studiengänge bestimmt. Sie möchte Hilfe bei der Gewinnung eines Überblicks über wissenschaftliche Literatur zu einzelnen linguistischen Teildisziplinen sowie bei der gezielten Suche nach Arbeiten zu bestimmten Themen leisten. Damit sie ihren Zweck möglichst optimal erfüllen kann, sind neben allgemein anerkannten älteren Arbeiten vor allem solche jüngeren Datums verzeichnet. Außer einer systematischen Ordnung der Titel nach Teildisziplinen bietet die Bibliographie als zusätzliche Zugriffsmöglichkeiten ein Sach- und ein Personenregister. Als Besonderheit sei das integrierte kommentierte Verzeichnis allgemeiner und spezieller Sprachwörterbücher der deutschen Gegenwartssprache erwähnt.

Aus dem Inhalt: Bibliographien · Überblicksdarstellungen und Handbücher zur Linguistik · Einführungen in die Linguistik · Wörterbücher der Linguistik · Grammatiken der deutschen Gegenwartssprache · Sprachwörterbücher der deutschen Gegenwartssprache · Who's who in der Linguistik – Berufsfelder · Linguistik im Internet · Anleitungen zum wissenschaftlichen Arbeiten, Schreiben, Reden · Fachzeitschriften · Basisliteratur zu den Teildisziplinen der Linguistik: Geschichte, Theorien, Methoden der Linguistik – Sprachgeschichtliche und vergleichende Aspekte – Aspekte des Sprachsystems – Aspekte des Sprachgebrauchs – Anwendungsbereiche der Linguistik

Frankfurt am Main · Berlin · Bern · Bruxelles · New York · Oxford · Wien
Auslieferung: Verlag Peter Lang AG
Moosstr. 1, CH-2542 Pieterlen
Telefax 00 41 (0) 32 / 376 17 27

*inklusive der in Deutschland gültigen Mehrwertsteuer
Preisänderungen vorbehalten

Homepage http://www.peterlang.de

Kolibri 360 GmbH
Ferdinand-Jühlke-Straße 7
99095 Erfurt, Deutschland
produktsicherheit@kolibri360.de

Druck:
CPI Druckdienstleistungen GmbH
im Auftrag der
Kolibri 360 GmbH
Ferdinand-Jühlke-Str. 7
99095 Erfurt